中等职业院校立德树人系列教材

科学素养

主　编　刘薇
副主编　何艳

北　京
冶金工业出版社
2024

内容提要

本书分3个模块共8章，第1模块包括第1、2章，为基础科学知识模块，主要介绍科学技术相关概念、人与自然科学规律，提起学生对科学技术的兴趣。第2模块包括第3~6章，为专业科学技术知识模块，主要介绍与中等职业院校理工科专业相关的科学技术知识，旨在提高学生对自己所学专业的认知度，开拓学生专业思路，提升学生专业前瞻性。第3模块包括第7、8章，为科学技术应用模块，该模块主要培养学生应用科学素养，通过动手实践，进一步加强学生对科学技术的认知，培养科学的思维和运用科学技术的能力。

本书可作为中等职业院校科学素养教育方面的教材，也可供广大青少年阅读。

图书在版编目(CIP)数据

科学素养/刘薇主编．—北京：冶金工业出版社，2017.10(2024.8重印)
中等职业院校立德树人系列教材
ISBN 978-7-5024-7642-7

Ⅰ.①科…　Ⅱ.①刘…　Ⅲ.①科学知识—中等专业学校—教材
Ⅳ.①G634.71

中国版本图书馆CIP数据核字(2017)第245188号

科学素养

出版发行　冶金工业出版社　**电　　话**　(010)64027926
地　　址　北京市东城区嵩祝院北巷39号　**邮　　编**　100009
网　　址　www.mip1953.com　**电子信箱**　service@mip1953.com

责任编辑　戈　兰　美术编辑　吕欣童　版式设计　孙跃红
责任校对　郑　娟　责任印制　禹　蕊
北京虎彩文化传播有限公司印刷
2017年10月第1版，2024年8月第5次印刷
710mm×1000mm　1/16；8.75印张；167千字；128页
定价25.00元

投稿电话　(010)64027932　投稿信箱　tougao@cnmip.com.cn
营销中心电话　(010)64044283
冶金工业出版社天猫旗舰店　yjgycbs.tmall.com
(本书如有印装质量问题，本社营销中心负责退换)

前　言

《国务院办公厅关于印发全民科学素质行动计划纲要实施方案（2016—2020年）的通知》（国办发〔2016〕10号）明确了全民科学素质工作的目标以及“十三五”期间全民科学素质工作的重点任务和保障措施。这进一步显示了国家对提高全民科学素养的重视。

近年来，我国越来越重视科学技术的普及工作，在小学、初中普遍开设了科普课程，相关教材十分丰富。但在中职学校中，科普类课程与教材并不多见，与专业相结合的科普教材更是少之又少。本书根据全国职业核心能力培训课程体系中的相关要求进行编写，以提升学生学习科学技术内动力为目的，鼓励学生开展科学创新与技术实践的跨学科探究活动。本书在使用时，可以针对所授学生专业及特点，有选择性地讲解某些章节，也可以根据实际情况开设相关专题讲座。我们希望，本书能为广大读者开启科学技术的大门，提升中职学生的科学素养，为德育教育、素质教育服务。

本书由刘薇担任主编，何艳担任副主编，滑雪、曹学坤、孙亮参与了编写。感谢天津市劳动保障技师学院、天津市劳动保护学校领导和老师们的大力支持。同时，本书在编写过程中参阅了有关文献资料，在此一并表示感谢。

由于编者水平所限，书中不足之处，恳请广大读者批评指正。

编　者

2017年8月

前 言

[illegible]

目　录

模块1　基础科学知识

模块 2 专业科学技术知识

模块1　基础科学知识

1　走进科学技术的殿堂

1.1　科学的含义与分类

【问题】

十万个为什么

为什么天上的星星会眨眼睛？为什么我们先看到闪电后听到雷声？为什么极地上空会出现极光？为什么线圈切割磁力线就能产生电能？为什么3D打印能一点不差地“再造”？这些神奇现象的背后是什么？是一个个科学道理，是一个个科学真相。人类利用科学思维方式发现问题，用科学的方法解决问题，再用科学造福人类。星星眨眼睛是光线产生折射的现象；光在空气中传播速度是3×10^8米/秒，而声音在空气中的传播速度是340米/秒，显然光跑得更快，所以闪电过后是雷声；太阳风与地球南北极磁场相互作用产生五光十色的极光；当穿过闭合电路的磁通量发生变化时，导体中就会产生感应电流；3D打印技术是把数据和原料放进3D打印机中，机器按照程序把产品一层层打造出来。拨开神秘的面纱，科学的世界五光十色，蕴含的道理值得我们去探究。

科学，简单地讲就是对事物发展规律的总结。具体来说，科学是人类行为的一种体现，在一定程度上可以说是人类认识世界、改造世界的经验的积累。科学体现了人类的活动，因此它不同于真理，也就是说科学不等于无数真理的总和。科学包含自然科学和社会科学两大类，阐释自然界物体规律、概念的科学称为自然科学；阐释人类社会规律、人的思维和认识的科学则为社会科学。

1.1.1 自然科学

自然科学是研究无机自然界和有机自然界的各门科学的总称，包括天文学、物理学、化学、地球科学、生物学等。自然科学研究和认识的对象是整个自然界，它研究的是自然界中事物的类型、原理、属性、状态、规律和运动形式。自然科学揭示自然界各种现象的本质，找出其规律性的联系，以指导人类更好地认识自然、保护自然和利用自然。

天文学是研究宇宙天体、宇宙空间结构和运动发展规律的科学。它主要是通过观测天体运行位置；跟踪天体运行轨道；监测天体发射到地球的辐射；发射宇宙探测设备收集图文信息、采集标本进行实验，研究天体的运行规律、组成结构以及演化规律。

物理学是研究自然界最一般的运动规律、相互作用以及物质的基本存在状态与结构层次的科学。物理学的一个永恒主题是寻找各种序、对称性和对称破缺、守恒律或不变性。一切自然现象都不会与物理学的定律相违背，因此，物理学是其他自然科学及一切现代科技的基础。

生物学是研究生命现象，生命活动的本质、特征、发生和发展规律的科学。通过生物学研究，人类能够更好地控制生命活动，能动地改造生物界，为人类造福。生物学与人类生存繁衍、人体健康状态、社会建设和发展有着密切关系，近年来生物学不断取得成果，成为了目前热门的基础自然科学之一。

化学是研究物质的组成、结构、性质以及变化规律的科学。世界是由物质组成的，化学为人类阐释了物质的真理，成为人们认识世界和改造世界的工具性科学。化学包括有机化学、无机化学、物理化学、水分析化学、高分子化学等，化学的不断发展在一定程度上提高了人类的生活水平。

地球科学是以地球系统（包括大气圈、水圈、岩石圈、生物圈和日地空间等）的过程与变化及其相互作用为研究对象的基础科学。随着人们对自然环境、对我们赖以生存的地球重视程度的不断提高，地球科学越来越被人们重视。它为我们更好地了解我们的家园、保护环境，提供了科学依据。

一般认为，古希腊人泰勒斯、亚里士多德是自然科学的首倡人，伽利略·伽利雷是将实验引入自然科学的首倡人。18 世纪以前欧洲自然科学与哲学几乎不可分开，勒内·笛卡尔、戈特弗里德·威廉·莱布尼茨、约翰·洛克等著名的哲学家同时也是自然科学家。

1.1.2 社会科学

同自然科学一样，具有客观属性的社会科学是关于社会事物的本质及其规律的科学。社会科学是科学化的研究人类社会现象的科学，包括社会学、政治学、经济学等。广义的社会科学是人文科学和社会科学的统称。

社会学是研究人类社会（主要是当代）的科学。社会学针对社会行为与人类群体开展研究，发展及完善一套有关人类社会结构及活动的知识体系，并以运用这些知识去寻求或改善社会福利为主要目标。其传统研究对象包括了社会分层、社会阶级、社会流动、社会宗教、社会法律、越轨行为等，采取的模式包括定性和定量的研究方法。由于人类活动的所有领域都是在社会结构、个体机构的影响下塑造而成，因此随着社会发展，社会学将进一步扩大其研究领域至其他相关科目，例如医疗、军事、互联网等。

政治学研究政治、政策和有关的活动。狭义的政治学研究国家的活动、形式和关系及其发展规律；广义的政治学研究在一定经济基础之上的社会公共权力的活动、形式和关系及其发展规律。现代政治学注重研究政治的主体以及现实政治中凸显的问题，例如政治制度、政治理论、政治行为、政治法律、政治决策和政治活动等。

经济学研究资源分配。经济学的核心是经济规律，它分为政治经济学与科学经济学两大类。政治经济学根据所代表阶级的利益，为了突出某个阶级在经济活动中的地位和作用，自发从某个侧面研究价值规律或经济规律；科学经济学自觉从整体上研究价值规律或经济规律。经济学是通过研究、把握、运用经济规律，实现资源的优化配置与优化再生，最大限度创造、转化、实现价值，满足人类物质文化生活的需要，促进社会可持续发展。

1.2 科学的组成

科学包括科学知识、科学方法和科学精神三个部分。科学知识、科学方法和科学精神三部分相互促进，科学知识是基础，科学方法是工具和手段，科学精神是内涵和精髓。没有科学知识的储备，科学就不能成立；没有科学方法，科学将无法发展，没有科学精神，科学就失去灵魂和指导意义。

1.2.1 科学知识

科学知识是被我们看到的、理解的各种事物的特征、性质和原理。科学知识在我们的学习生活中无处不在，我们学习知识、掌握知识，更要运用知识不断探索。科学知识范围广阔，自从人类诞生，科学也就随之产生，并随着人类历史的发展不断发展。人类不断成长，不断探索发现，掌握了事物的各种知识，一代又一代人不断积累和突破，形成了我们今天的科学知识体系，囊括了自然、人文、物理、化学、数学、天文、信息技术、制造加工等多个方面，包罗万象。科学知识具体可以分成自然科学知识、社会科学知识、思维科学知识、数学科学知识、哲学科学知识五个领域。

（1）自然科学知识。自然科学知识是指在自然界中的物体所具备的属性、存在的规律、相互的联系、自然现象的原理等。自然科学知识内容丰富，包括能量转化和存储、热传递、水循环、气候和季节、电磁间的相互作用等，与人们生活息息相关，掌握自然科学知识，能更好地帮助人们了解自然，从而合理利用资源，可持续发展，保护我们生活的环境，达到人与自然的和谐统一。

（2）社会科学知识。社会科学知识是指由人类相互产生关系而建立的社会中的各种现象的知识，包括经济、政治、军事、宗教、人际交往、法律、教育、文艺、历史、民族等学科。社会科学知识阐述了人类社会发展的各种现象和规律。掌握社会科学知识，能更好地帮助人们了解社会，树立正确的人生观和价值观，不断推动人类社会的发展，从而建立更科学、更适合人类活动的社会。

（3）思维科学知识。思维科学知识是指人类思维方面的规律、特点和应用的知识。思维科学知识包括心理学、逻辑学、语言学、符号学等。思维科学知识是基于人类思维发展的学科，掌握思维科学能更好地帮助人们认识客观事物，改造主观世界，不断开拓创新，创造发明，从而开拓出人类的美好未来。

（4）数学科学知识。数学科学知识是关于数量、结构、变化、空间以及信息等的知识，数学是研究客观世界的数量关系和空间形式的科学，从某种角度看属于形式科学的一种。数学科学知识包括几何学、数学逻辑学、代数学、数论、离散数学、拓扑学、函数学、微积分、概率论、数学统计学、计算数学、组合数学、极限数学等多门学科知识。数学属于古老学科，掌握数学科学知识是学习和研究现代科学技术必不可少的基本工具。

（5）哲学科学知识。哲学科学知识是阐述系统化理论化的世界观，是关于自然知识、社会知识、思维知识的概括和总结。哲学科学是研究自然、社会和人类思维发展的最一般本质和规律的学科。哲学虽是一门古老的学科，但它具有时代性，与时俱进，因此成为其他学科的基础，对其他学科的发展具有促进作用，哲学归根结底就是研究世界观和方法论的科学。

以上五种科学知识也可以概括为自然科学知识、社会科学知识和思维科学知识三大类。科学知识博大精深，是人类在发展过程中认识世界、改造世界所发现的、积累的对世界的认知经验和理论规律。作为中职生，我们已经掌握了一定的科学知识，这些科学知识对我们的学习和生活具有一定的指导作用，但这只是浩瀚知识海洋中的一滴水，我们还应继续努力，不断地学习。作为中国制造业未来的生力军，科学知识对我们来说是工具，是武器，更是一种素养。

1.2.2　科学方法

科学方法是人们为获得科学认识所采用的规则和手段系统，指人们在从事科学研究和科学探索中遵循或使用的、符合科学一般原则的各种途径和手段，包括在理论研究、应用研究、开发推广等科学活动过程中采用的思路、程序、规则、技巧和模式。这里讲的科学方法是指在各个学科中通常使用的普遍方法。没有科学方法，科学知识就很难获得，科学探索就十分困难，所以科学方法是开展科学研究的工具，人们正确有效地运用工具，能够推动科学健康、快速、可持续的发展。

根据不同角度，科学方法的分类方式也不同：按使用领域不同分为单学科方法、多学科方法和综合学科方法三类；按性质不同分为经验性科学方法、理论性科学方法和横向科学方法三类；按使用范围不同分为哲学方法、一般方法和具体方法三类。

本书根据职业院校学生的特点，介绍三种最常见的、实用性强的科学方法。

1.2.2.1　科学实验法

科学实验法属于综合学科方法，它是利用科学实验找到自然界事物发展的规律，科学实验法注重实验结果，以实验结果为依据，从实验结果中寻找规律，从而发现真理。科学实验法中也包含着几种常用类型，例如定性实验、定量实验、对比实验、验证实验、分析实验等。各种实验都是在掌握了一定的科学知识基础上，利用实验仪器、实验材料和手段，对事物发展规律进行探索。

(1) 定性实验。对研究对象进行判断，确定某种成分、性质或性能、结构是否存在，研究其功效、技术的实验就是定性实验。一般来说，定性实验要判定的是“有”或“没有”、“是”或“不是”，从实验中给出研究对象的一般性质及其他事物之间的联系等初步知识。因此，定性实验是科学探索初期阶段经常使用的一种实验，从实验中了解事物本质特性。定性实验是定量实验的基础和前奏。

(2) 定量实验。定量实验顾名思义是研究事物数量关系的实验。定量实验多用于物理数学，通过实验得出研究对象的数值关系和计算公式等。利用物理测量的方法验证研究对象的规律，定量实验一般是在定性实验完成后进行的，通过定量试验，可以进一步深入研究事物性质。通过定量实验可以找到由量到质变化的临界点。

(3) 对比实验。对比实验一般是将研究的对象分成两个或以上的组。取其中一个组群作为参照，其他组群进行处理后，与参照组群对照比较，从而得出实验结果，通过实验结果判断其具有的性质。这类实验在生物学和医学研究中是经常采用的，例如白鼠实验，用于实验某种新的医疗方案或药物及营养品的作用等。

(4) 验证实验。验证实验就是为了验证已经有的成果，而重复相应的实验，或采取不同方法验证已有成果真假的实验。验证实验看似简单，实际是深入研究的过程，通过验证实验可以深入具体的研究实验对象，是全面深层次的探索实验对象的过程。

(5) 分析实验。分析实验是对研究对象的成分、结构进行分析的一种实验，通常用于医学、生物和有机物分析。例如血常规实验、排泄物实验、水质监测实验等。通过实验分析实验对象存在的问题、产生的原因等。

1.2.2.2 辩证唯物法

辩证唯物法实际上是哲学方法中的一种，这里所介绍的辩证唯物法是马克思主义辩证唯物法。其包括了一分为二分析法、批判继承分析法、具体问题具体分析法等。掌握和运用辩证唯物法对于科学的探索和研究，具有事半功倍的作用。

(1) 一分为二分析法，就是把统一体分解为相互对立又相互统一的两个方面来进行思考的方法。任何事物都要分析它的矛盾体，矛盾双方既对立又产生联系，要认清事物的两面性，从正反两面开展分析，最终找到解决办法。

(2) 批判继承分析法，就是继承前人好的经验和成果，改变或者摒弃不好的、不正确的方法和结果的分析法。也就是理性的分析前人成果，敢于质疑，对正确的真理坚持继承，对错误坚决纠正，取其精华，去其糟粕的分析方法。

(3) 具体问题具体分析法，就是根据事物的具体情况进行分析，重视事物的独特性和特殊性，充分审视事物独有的特点后再进行分析判断的方法。

1.2.2.3 创造性思维方法

创造性思维法是指在整合现有的知识经验的基础上，对事物进行概括、分析、推理、拓展，从而产生创新的思想、理论和作品的科学方法，它是经验性科学方法的一种。创造性思维方法强调打破常规，敢于突破原有的模式和思想，推陈出新，锐意进取，讲究发散性的思维方式，逆向思维，从多角度、全方位，立体对事物进行考量，从而打破常规，创造发明。

1.2.3 科学精神

科学精神不同于科学知识，它看不见摸不着，是一种抽象的思想。科学精神也不同于科学方法，科学方法作为一种工具有规律可以遵循而科学精神没有。科学精神是人们在长期认识世界改造世界的活动中形成的对科学的认同感，是一种价值观和行为规范，是在掌握了一定的科学知识和科学方法的基础上，积极主动大胆自觉地进行科学研究和探索，以寻求真理的精神。科学精神主要包括怀疑批判精神、开拓创新精神、探索真理精神、独立自强精神、博爱人文精神。

(1) 怀疑批判精神。敢于质疑才能寻求真理，怀疑和批判精神就是对现有事物存在的疑问产生怀疑，批判不正确的，从而运用科学方法寻求真理的精神。怀疑的过程，在一定程度上就是解放思想的过程。批判的过程，就是破除迷信，拨乱纠错的过程。具备怀疑批判精神就是要不盲目崇拜，不盲目跟从，不封建迷信，不迷信权威，不把偶然现象当成必然，不轻易相信未经证实、不具备科学依据的所谓的真相。

(2) 开拓创新精神。勇于开拓、敢于创新是科学发展的原动力，科学的不断发展来源于人们的不断开拓和创新。开拓创新精神是科学精神的重要支柱，怀疑批判精神是寻求科学真理的第一步，而开拓创新精神是科学发展的生命线。在掌握一定的科学知识的基础上，运用科学方法，拓展已有知识和真理，寻求新的途径和办法，在继承原有精华的基础上，不断发现更多的真理，创造更多的先进作品，促进科学发展，造福人类。

(3) 探索真理精神。探索就是人们对事物产生好奇，从而一探究竟的过程。探索的目的是寻求真相，是追求真理的过程。科学的发展需要人们对周围世界充满好奇，并执著于发现真相，甚至于为了真理贡献生命。探索真理的精神是批判怀疑精神和开拓创新精神的内因。这种精神强调真理和真相是可以被发现的，可以被验证的；科学就是不断发现真理、修正真理、更新真理的过程，而这一过程就是实践的过程，是理论与实际相结合的过程。

(4) 独立自强精神。独立自强是科学家必须具备的精神，具有独特见解，独立思考能力，不受客观因素干扰，不受主观因素制约，才能在科学探索的道路上大踏步前进。自强不息精神，就是要体现坚强的品质，坚韧的毅力，直接面对困难，不屈不挠，锲而不舍。自古以来，探索科学的过程从不是一帆风顺的，这需要科学探索者不仅具备聪明的头脑，更要具有奋斗、奉献、甚至甘愿牺牲的精神，这些就是独立自强的精神，是科学精神的精髓和灵魂。

(5) 博爱人文精神。科学的目的是为人类造福，实现人与社会，人与自然的和谐统一发展。科学精神的主旨是博爱人文精神，没有爱心，不懂人文关怀的科学探索者毫无价值可言，甚至对科学发展和人类社会具有重大危害。博爱人文精神旨在指明科学研究的目的，保证科学的发展朝着正确可持续的道路前进。

科学精神不仅仅关乎科学的进步和发展，更与国家、民族、社会甚至每个家庭息息相关。不具备科学精神的民族是危险的民族，是没有出路的民族，是容易灭种的民族。不具备科学精神的国家和社会就失去了核心竞争力。不具备科学精神的家庭和个人注定是愚昧落后的，生活必将陷入困境。比如迷信算命，崇尚荒唐的特异功能，导致上当受骗，损失财物甚至危害自己和家人的生命都是不具备科学精神的恶果。

作为中职学生的我们科学精神更是重要，科学精神与工匠精神相辅相成。具备科学精神，在一定程度上就使我们具备了主观竞争力，对我们日常学习和今后工作都有促进作用。

科学素养是可以通过学习、培养、训练和反复实践等来增强的。中职学生已经具备了一定的科学知识、掌握了简单的科学方法，也具有一定的科学精神。只要我们在日常学习和生活中，有意识地培养自己的科学素养，在实践中不断训练自己的科学素养，树立正确的人生观、价值观，就能够具备科学素养，从而提升自己的综合素质，成为祖国的匠人，明日的大国工匠。

1.3 科学探索

科学的性质体现在科学探索中，科学探索的基础是搜集证据、寻找依据、对现有证据进行分析和推理。搜集证据需要进行科学调查，科学调查就是观察、记录、搜集样本进行分析和试验的过程。科学理论的重点在于正确理解和认识事物的本质。

1.3.1 科学理论

科学理论是对事物的科学解释和解说，可以在一定程度上正确地反映客观事物。科学理论往往是人们对周围世界提出的问题，并通过仔细观察、试验，寻求问题答案，从而形成科学结论。也可以说，科学理论是科学调查研究工作所得到的对现象的解释和判断。科学理论是人们开展科学探索的重要依据，但对于科学理论的理解、认识和解释，受到解释者个人主观原因和时间等的外部因素的影响，存在不同。同一学科证据可能有不同的解释，某个学科理论可能出现不同的判断，被修正甚至被另一种科学理论所替换。因此，正确理解和认识科学理论是掌握科学理论的重点。

1.3.2 科学调查

科学调查是指人们对事物或研究对象进行观察和思考，发现问题后，寻求解释或解答问题的科学研究过程。科学调查主要由明确的调查目的、具有代表意义的调查对象、科学的调查方法和实际的调查效果组成。

科学调查尽量以组为单位进行，在进行科学调查前，需要先制定计划，有针对性地进行提问和收集。科学调查的对象、需要观察的事物要求具有针对性，不能盲目地进行。科学调查要讲究方法，仔细观察，认真记录科学笔记，利用实验法、一分为二法等进行分析，最终得到具有逻辑说服力的事物机理或行为论点。

1.3.3　科学探索中的证据和推理

科学探索中的证据和推理是指通过科学调查得出的一些事实和现象真实反映的汇总。人们根据这些证据进行解释，通过科学的思维进行的类似假设的过程称为科学推理。在科学探索中，可以广泛地应用假设来确定需要重视的资料和需要寻找的新资料，并引导人们对资料做出解释。这里要强调的是，得到的科学证据或者通过观察，对于同一个事物的解释可能会有所不同。对于分歧，科学的做法是进一步进行新的观察、调查甚至实验，而不是马上做出是非的判断。科学证据的收集和推理更注重动手做，或者记录下发生的事情。

【知识拓展】

科学调查计划的制定

科学调查计划的制定通常需要从调查任务的设置、调查方法的确定、调查结果分析、调查总结四个方面进行。首先根据开展科学调查的领域，设计展开调查的问题，然后根据问题制定展开调查的形式，根据问题的实际情况以及实施可操作性，选择采取提问、问卷调查、实验、观察等多种形式，收集整理调查结果，并运用科学的方法进行分析，最后推理出结论，撰写调查报告，对调查进行总结。

下面以调查××学校学生使用手机的情况来介绍调查计划书的撰写格式。

关于学校学生使用手机调查计划

一、调查的目的

本次调查主要调查××学校在校学生使用手机的情况，旨在了解目前学生对手机使用的现状、能够正常使用手机的学生比例、对手机具有过分依赖的学生比例，为进一步规范学生使用手机做准备。

二、手机使用背景

××学校在校学生3000人，其中99.6%学生均有手机，智能手机占有绝大多数，大部分学生只有一部手机，少数学生有两部手机，基本上没有学生同时使用三部及以上手机。目前学生的日常生活基本离不开手机。

三、调查内容

(1) 使用手机的时间段；

(2) 使用手机费用；

(3) 使用手机与配戴眼镜的联系；

(4) 手机保管方法。

四、调查方法和对象

(1) 调查方法。本次调查采取问卷调查、召开座谈会、观察记录三种形式开展调查。

(2) 调查对象。每个系部抽取50名在校学生进行问卷调查。随机采访10名学生进行座谈调查。发动30名观察员（学生）观察所在班级同学使用手机情况，并记录。

五、调查结果分析

对采集信息进行百分比分析。并将原始资料及分析结果体现在调查报告中。

六、撰写调查报告

原始资料附后。

科学调查报告的撰写格式

科学调查报告就是针对调查计划中的问题，按照调查计划中的实施方法，步骤进行实施过程记录，并根据计划中分析方法进行分析推理后得出结论的叙述过程。调查报告格式如下。

××学校学生使用手机科学调查报告（节选）

问题一：使用手机时间段

对300余名在校学生进行问卷调查。抽取15/16两个年级共50名学生召开座谈会，采集数据分析得出：75%的学生使用手机的时间在下午3点30分至晚上10点期间。其中女生55%，男生占45%。

结论：××学校学生大部分利用业余时间使用手机。

【实践】

请大家根据目前的季节，开展一次关于季节的科学调查。要求：

(1) 设计科学调查的计划。

(2) 开展实施科学调查。

(3) 展示科学调查结果，提交科学调查报告。

1.4 科学与技术

【问题】

小时候，我们是不是经常仰望天空，看着蓝蓝的天上飘浮着朵朵白云，云朵一会儿变成棉花糖，一会儿变成一朵小花，一会儿又像是一只凤凰，千变万化，引人入胜？我们是不是经常蹲在树下，观察成群结队带着米粒儿、树叶回家的蚂蚁，奇怪它们为什么爬得这么整齐，没有一个掉队偷懒？我们是不是也想用积木搭起个倾斜的塔，看看它是不是真的可以屹立不倒？我们是不是也都珍藏着一块磁铁，想象着自己拥有“万磁王”的力量？我们是不是也坐在苹果树下，想象着苹果落地，真的有万有引力呢？是的，这些思考、观察甚至动手实践的过程，就是科学的探索的过程。科学拥有独特的魅力，吸引着我们从孩提到成人，不断沉迷于各种令人惊讶的发现中。在探索科学的过程中，聪明的人类得到了各式各样的启迪，并且这些启迪被应用到各行各业，形成了专业技术。如超声波、磁悬浮、纳米技术等都是科学探索成果的应用。科学与技术深深地影响了我们的生活。

1.4.1 技术的含义

技术是人们解决问题的方法及原理，指的是利用现有事物形成新事物，或是改变现有事物功能、性能的方法。技术应具备明确的使用范围和被其他人认知的形式和载体，如原材料（输入）、产成品（输出）、工艺、工具、设备、设施、标准、规范、指标、计量方法等。

世界知识产权组织在1977年版的《供发展中国家使用的许可证贸易手册》中，给技术下的定义是：“技术是制造一种产品的系统知识，所采用的一种工艺或提供的一项服务，不论这种知识是否反映在一项发明、一项外形设计、一项实用新型或者一种植物新品种，或者反映在技术情报或技能中，或者反映在专家为设计、安装、开办或维修一个工厂或为管理一个工商业企业或其活动而提供的服务或协助等方面。”这是国际上目前给技术所下的比较全面而完整的定义。分析定义，知识产权组织把世界上所有能带来经济效益的科学知识都定义为技术。技术本身是没有好坏之分的，但对于人类来讲，技术具有正反两方面的影响。随着工业制造业技术的不断发展，技术根据其功能不同，分为生产技术和非生产技术。其中，最为基础性的是生产技术，非生产技术是为了满足社会生活多种需要的技术，与我们的日常生活更为密切。

技术具备一定的基本特征：

(1) 技术是直接生产力，直接决定着社会生产水平的高低；

(2) 技术具有自然和社会的两大属性，受到自然和社会的双重制约；

(3) 技术具有推动生产力发展，推进文明进步，促进社会变革的作用。

1.4.2 科学与技术的关系

科学与技术是两个不同的概念范畴，两者之间既有区别，又存在联系。科学与技术的区别有以下几点：

(1) 任务不同。科学的任务在于认识和解释事物发展的规律，属于由实践上升到理论的过程；技术的任务在于把理论应用到实际中，产生发明创造，变成生产力，属于由理论应用到实践的过程。

(2) 职能不同。科学的职能在于认识世界；技术的职能在于改造世界。

(3) 评价不同。科学是判断真理的标准；技术是审视合理的标准，追求的是效率和效用。

(4) 效果不同。科学可以解放人们的思想，不断开拓创新；技术促进生产力的提升，经济结构的转变和生活方式的转变。

(5) 主体不同。科学研究的主体是科学家；技术发明的主体是工程师，技术应用主体是工匠。

科学与技术之间虽然存在区别，两者也是有联系的。具体表现在：

(1) 本质相同。科学与技术是反映人与自然的能动关系。

(2) 最终的目的相同。科学和技术最终的目的都是为了认识世界和改造世界，实现人与自然、人与社会的和谐发展。

(3) 相互促进。科学与技术相互促进，和谐互动。科学成为技术发展的基础和源泉，技术的提升很大程度上推动科学的突破和飞跃。

1.4.3 科学与技术的体系结构

科学与技术二者存在着千丝万缕的关系，尤其是现代中国，科学技术二者并称。科学指引技术的发展，技术是科学的延伸和推广，是一种应用科学。也可以说科学和技术各自是一个场，这两个场有各自的核心，但是也有相互交汇、互相作用的区域，如图 1-1 所示。这种模型比过去“科学—技术—经济”这种简单模型更能说明科学与技术的关系，得到了更多人的认同。科学技术的结构从双轨发展，到科学技术时代，到技术科学时代，再到“大科学时代”，反映了科学与技术逐步靠近、交汇发展的过程。

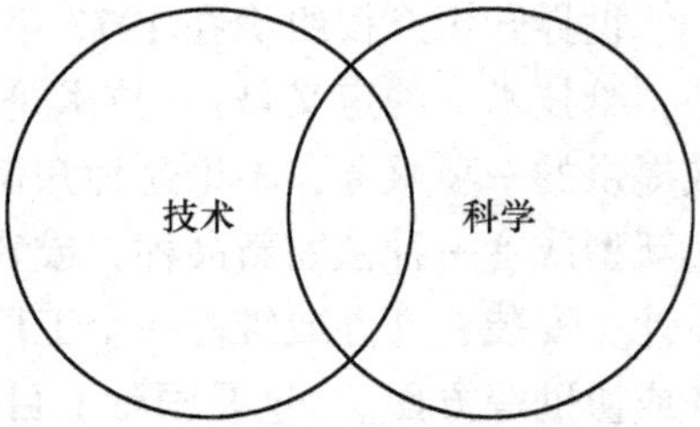

图 1-1 科学与技术交汇图

【知识拓展】

科学技术发展史的研究

我国虽然具有悠久的文化史，但科学技术史却少有资料介绍。在漫长的封建社会中，分散在各种史书中对古代科技史发展的记述十分有限。明清时期出现的《泉河史》、《医史》、《畴人传》等少数几本著作基本上也是史料性质的，并未形成理论体系。真正用近代科学的观点和方法对科技史料进行分析和处理，是“五四”运动前后才开始的。老一辈的科学家如李俨（1892~1963年）、钱宝琮（1892~1974年）、张子高（1886~1976年）、刘仙洲（1890~1975年）、梁思成（1901~1972年）等分别在不同领域进行了分科史的研究。他们的专著对我国有关学科发展史的研究做出了奠基性的工作。新中国成立以后，科技史研究工作得到了党和政府的重视，成立了专门的研究机构，出版了科学史刊物，取得了不少成绩。党的十一届三中全会以来，随着全党工作重心的转移，作为基础学科之一的科学技术史和科学方法论更引起了各方面的重视，不少研究单位和高等院校都在积极开展这方面的研究和教学工作。1980年10月在北京召开了规模空前的科技史学术会议，成立了中国科学技术史学会，我国科技史领域出现了一个新的发展局面。

我国科学技术成就辉煌

中华民族的科技活动有着悠久的历史，曾经为人类发展作出过巨大的贡献，并且在16世纪中期以前一直处于世界科技舞台的中心。早在距今3300多年以前的甲骨文中就有有关日食的记载。春秋战国时期问世的《考工记》准确地记载了六种不同成分配比的铜锡合金及其不同用途。公元1世纪初期，中华民族发明了造纸术，公元105年左右蔡伦又改进和提高了造纸技术，从而使造纸技术在全国迅速推广开来。公元3世纪左右，我国发明了瓷器，这一技术在11世纪传到波斯，由那里经阿拉伯于1470年左右传到意大利以及整个欧洲。唐朝发明了火药，并在公元9世纪首次将其用于战争之中。在11世纪中期的宋朝发明的指南针和活字印刷技术得到了广泛的应用。15世纪中期，医学家李时珍所著的《本草纲目》成为我国古代医学发展的集大成者。到此时为止，我国古代科学的发展达到了顶峰时期，四大发明已经先后登上了历史舞台。著名英国科学家李约瑟博士认为，中国“在3世纪到13世纪之间保持了一个西方所望尘莫及的科学知识水平”，现代西方世界所应用的许多发明都来自中国，中国是一个发明的国度。

1.5 科学技术素养初体验

【问题】

同学们，你们愿意将自己培养成为掌握一定的科学技术知识，会运用几种科学方法，具有较好科学精神的当代中职生吗？如何做到呢？那就要让我们一起开启体验之旅吧。

1.5.1 古代科学家的故事

我国古代有很多杰出的科学家，这里简要介绍张衡的故事。

张衡，字平子，南阳郡西鄂县人。张衡年轻时就擅长写文章，在“三辅”一带游学，之后进入洛阳，在太学学习。他通晓五经，贯通六艺，虽然才华比一般人高，但他并不因此而骄傲自大。张衡善于器械制造方面的巧思，尤其在天文、气象和历法的推算等方面很用心。汉安帝听说他擅长术数方面的学问，命公车特地征召他，授予他郎中的官职，后来迁升为太史令。于是，张衡就精心研究、考核阴阳之学（包括天文、气象、历法诸种学问），精辟地研究出测天文仪器的正确道理，制作浑天仪，著成《灵宪》、《算罔论》等书籍，论述极其详尽。

顺帝阳嘉元年，张衡又制造了候风地动仪。如图 1-2 所示，这个地动仪是用纯铜铸造的，直径 8 尺，上下两部分相合盖住，中央凸起，样子像个大酒樽。外面用篆体文字和山、龟、鸟、兽的图案装饰。内部中央有根粗大的铜柱，铜柱的周围伸出八条滑道，还装置着枢纽，用来拨动机件。外面有八条龙，龙口各含一枚铜丸，龙头下面各有一个蛤蟆，张着嘴巴，准备接住龙口吐出的铜丸。仪器的枢纽和机件制造得很精巧，都隐藏在酒樽形的仪器中，覆盖严密得没有一点缝隙。如果发生地震，仪器外面的龙就震动起来，机关发动，龙口吐出铜丸，下面的蛤蟆就把它接住。铜丸震击的声音清脆响亮，守候机器的人因此得知发生地震的消息。地震发生时只有一条龙的机关发动，另外七个龙头丝毫不动。按照震动的龙头所指的方向去寻找，就能知道地震的方位。用实际发生的地震来检验仪器，几乎完全相符。有一次，一条龙的机关发动了，可是洛阳并没有感到地震，京城的学者都责怪它这次没有应验。几天后，驿站上传送文书的人来了，证明在陇西地区发生地震，大家这才都叹服地动仪的绝妙。从此以后，朝廷就责成史官根据地动仪记载每次地震发生的方位。

图1-2 地动仪

1.5.2 科学技术小实验

【问题】

你能养好植物吗?

同学们，你们养过植物吗?给植物浇水、施肥，还要给植物晒太阳，唯有这样植物才能茁壮成长。那是不是我们给它“吃”得越多长得就越好呢?那可不一定，“吃”得太多容易出现“肥胖”，甚至导致死亡。这是为什么呢，让我们一起来做一个实验吧——植物与水。

取两个纸杯，在纸杯内侧相同高度画上标记，倒入清水至标记处。在其中的一个纸杯里放入两勺食盐，用小勺搅拌均匀。将萝卜切成两等份，分别放入杯中。

请同学们认真思考实验结果，将其中的科学原理转换成培育技术，自己动手，培育一株植物吧。

思考与练习

一、填空题

(1) 科学，简单地讲就是对事物__________的总结。

(2) 科学是________的一种体现，科学包含________和________两大类。

(3) 自然科学是研究________自然界和________自然界的各门科学的总称。包括________、________、________、________、________等。

(4) 没有________的储备，科学就不能成立；没有________，科学无法发展；没有________，科学失去灵魂和指导意义。

(5) 技术是人们________的方法及方法原理，指的是利用现有事物形成________，或是改变现有事物________、________的方法。

二、判断题

(1) 技术根据其功能不同，分为生产技术和非生产技术。其中，最为基础性的是非生产技术，非生产技术是为了满足社会生活多种需要的技术，与我们的日常生活更为密切。(　　)

(2) 科学探索中的证据和推理是指通过科学通过科学调查得出的一些事实和现象真实反映的汇总。人们根据这些证据进行解释，通过科学的思维进行的类似假设的过程叫做科学推理。(　　)

(3) 科学的目的是为人类造福，实现人与社会，人与自然的和谐统一发展。科学精神的主旨是博爱人文精神，没有爱心，不懂人文关怀的科学探索者毫无价值可言，甚至对科学发展和人类社会具有重大危害。(　　)

(4) 科学知识也可以概括为科学家掌握的科学知识、社会科学知识和思维科学知识三大类。(　　)

(5) 与自然科学一样，具有客观属性的社会科学是关于社会事物的本质及其规律的科学。(　　)

三、简答题

(1) 科学知识的五大领域是什么？

____

____

____

____

（2）科学实验法具体是指什么？

（3）科学与技术的关系是什么？

（4）张衡的候风地动仪作用是什么？

（5）讲一段你所知道的科学技术方面的小故事。

2 人与自然

2.1 生命与遗传

2.1.1 生命的本质

【问题】

什么是生命？

我们每个人，包括动物和植物都是有生命的，但是生命究竟是什么呢？它又是怎么形成的？你能说出多少种生命体？世界上最小的生物是什么？

1892年，俄国植物学家伊万诺夫斯基在进行烟草花叶病的病因研究时，将患有花叶病的烟草榨出汁液，用能将细菌滤去的过滤器进行过滤，再用过滤后的汁液去感染健康的烟叶，结果惊讶地发现健康的烟叶还能患病，于是他大胆地推论出烟草花叶病是由比细菌还小的生命体引发的，后来人们把这种生命体称为“病毒”。

病毒是由核酸和蛋白质，或者仅由蛋白质构成的最小生命体，如图2-1所示。非常有趣的是，它的结构极其简单，它没有细胞，所以不能进行新陈代谢，也不能像细胞一样进行复制。即使这样，也不要小看它，只要病毒一接触到宿主细胞，它就会脱去蛋白质的外衣，而它的核酸会马上入侵宿主细胞，借助后者的复制系统，来复制新的细胞。核酸和蛋白质原本是两种没有生命的化学物质，组合后形成的核蛋白竟然神奇的形成了有生命的“病毒”。这是大自然的神来之笔。

其实，无论是人类、动物、植物，还是单细胞动物，生命本质的共同之处都在于核酸和蛋白质组合而成的核酸蛋白。

我们也可以这样理解，所有的生命体都是核酸蛋白幻化出的不同形体，虽然

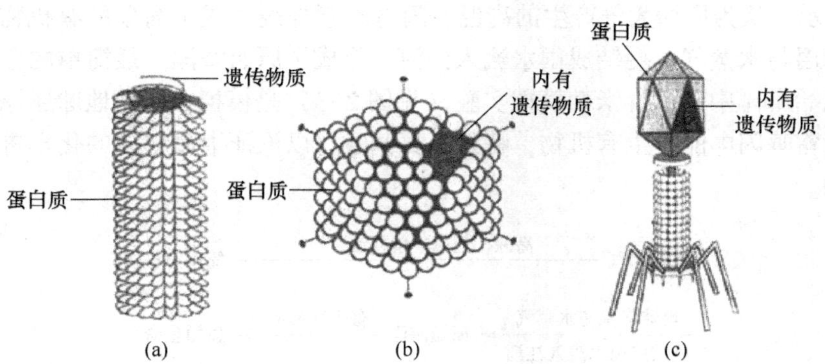

图 2-1　病毒的结构

（a）烟草花叶病病毒；（b）腺病毒；（c）大肠杆菌噬菌体

身上披着不同的外衣，但其本质都是一样的。所以核酸和蛋白质是一切生命体存在于这个世界上的前提。

2.1.2　生命的起源

【问题】

生命的本质是核酸和蛋白质的结合体，那么最早的生命是怎么形成的呢？

关于生命的起源有多种假说，其中化学起源说是被广大学者普遍接受的生命起源假说。这一假说认为，地球上的生命是在地球温度逐步下降以后，在极其漫长的时间内，由非生命物质经过极其复杂的化学过程，一步一步演变而成的。

【问题】

地球的年龄是多少？原始地球的环境条件有哪些？原始大气的成分构成是什么？现在大气的成分构成又是什么？原始大气与现在大气最明显的不同是什么？

原始大气的主要成分是氨气、氢气、甲烷、水蒸气（特别注意：没有氧气）。

于是，科学家们在化学起源说理论的支持下，推测了生命起源的过程，如图

2-2所示，认为原始大气产生的高温、闪电和紫外线形成了简单的有机物，通过地球降温与水蒸气，凝结成雨水流入江河，形成了原始海洋。最简单的原始生命就在原始海洋中形成。米勒模拟实验（见图2-3）是模拟在原始地球还原性大气中进行雷鸣闪电能产生有机物，特别是氨基酸，以论证生命起源的化学进化过程的实验。

原始大气 —高温、闪电、紫外线→ 简单有机物

—地球降温与水蒸气 / 凝结成雨水流入江河→ 原始海洋 —有机物形成→ 原始生命

图2-2 生命的起源

图2-3 米勒模拟实验

2.1.3 生命的摇篮

【问题】

请同学们上网查资料，了解米勒模拟实验的内容和操作过程。请想一想，米勒的实验装置各部分模仿了地球的哪些条件？从实验结果，可以对生命的起源作出怎样的推测？

米勒模拟实验的结果表明，在类似原始地球的条件下，无机小分子可以生成

有机小分子，而有机小分子可以通过化学反应转化为有机大分子，有机大分子能转化为原始生命所必需的多分子体系。

【问题】

我们都知道生命是由低级向高级进化的，但是最初的生命究竟是在哪里形成的呢？生命最初是生活在海洋中还是大陆上？

在几亿年前，有一种生物在海洋中自由自在地生活着，它们生殖、繁衍、游弋，它们是生命最初的形态，是地球最早的原住民，它们叫做单细胞。

有生命的单细胞生物最初出现在海洋中，也就是说海洋是地球原始生命最初的摇篮。为什么海洋能在生命发展史上发挥这么重要的作用呢？

（1）海水是良好的溶解剂。其中蕴含着大量的营养物质，如溶解氧、氧化钠、硝酸盐、磷酸盐、碳酸盐……原始生命可以毫不费力地从中汲取所需的元素。我们人体中所需的元素，很多都是从水分中获取的。

（2）海水是生命的“保温箱”。温度的适宜是生命诞生与繁衍的前提。而水的热容量很高，无论是烈日炎炎的夏季，还是寒风凛冽的冬季，水的温度变化都是非常小的。这层温暖的海水就是生命的襁褓，它“包裹”着怀里的“婴儿”，使原始生命得以生存与繁衍。

（3）海水是天然的“保护伞”。阳光虽然也是生命所必需的，但是阳光中的紫外线对原始生命有着极大的杀伤力。海水可以吸收阳光中的紫外线，为生长在其中的原始生命撑起一把无形的“保护伞”。

【知识拓展】

5 月 20 日，因为煤矿塌方被埋 172 小时的安县矿工彭某某成功获救。这可以说是一个奇迹，除去营救人员的努力之外，他本人的自救措施也是最重要的因素之一。在 172 小时断水断粮的情况下，彭某某选择用喝尿的方式延续了生命。在很多地震等自然灾害中，我们也屡见这样的例子。那么为什么尿液能够成为“救命水”呢？

这与尿液的成分有关。尿液的主要成分包括 95%的水、1.8%的尿素、0.05%的尿酸以及 1.1%的无机盐。正是尿液中的水分使得这些求生者有了生的希望。

我们人体每天都会消耗2500毫升左右的水分，这就要求我们每天至少应从饮食饮水中补充一定量的水分，才能达到平衡。

2015年10月，上海某国际学校的二年级学生参与用紫外光发现手中细菌实验，课程结束后的次日，学生和老师的眼部陆续出现了不适的情况，经医院诊断结果为眼角膜损伤。有关部门调查后，发现当日实验时使用的UV灯紫外线超标，即使每个孩子接触到这款UV灯的时间仅为30~50秒，但是依旧造成了集体性损伤。

由此类案件可知，我们通常认为紫外线很温和的想法是错误的。事实上，紫外线分为短波（UVC）、中波（UVB）和长波（UVA），其中长波的威力最大，它能穿过皮肤的表皮层，直接照射到真皮层，造成真皮层纤维组织受损断裂，形成皱纹，也会对眼睛以及免疫系统等造成多重危害，还能穿透0.5厘米的玻璃。

海水可以过滤掉40%的紫外线，从而对原始生命起到了保护的作用。

2.1.4 生命的进化

【问题】

同学们，你们知道生命究竟是如何演变进化的吗？

从五亿年前的寒武纪，到两亿年前的二叠纪，生命在海洋世界里不断进化。原始生命吸收营养的器官进化成了消化器官；用来排泄废物的器官进化成了排泄器官；用来感知光线的部分进化成了眼睛；用来支配和协调动作的部分进化成为脑神经……

随着地壳的变化、气候的变迁，有的生命离开了海洋的故乡，来到了陆地；有一些则留在了海洋里。在某种程度上，现在的鱼、虾、贝等海生动物还可以算作我们人类的远房亲戚。

海洋是生命的摇篮，悉心地呵护着生命的繁衍与进化，但是它也有“耍小性子”的时候。在地球发展的进程中，有时地壳运动导致岩层断裂，海底火山爆发，炽热的岩浆把海水变成了蒸汽，亿万生命在一瞬间化成云烟；有时地壳抬高，大片的海水被分隔，阳光“乘虚而入”，施展威力，把一片片的海水晒干，泥水里的生物只能绝望地张开嘴，等待死亡的到来……

在这样变幻不定的生存环境中，自然界残酷地坚守着“适者生存”的铁律，对发生变化的环境能够及时做出调整的生物，都存活下来；反之，不能适应新环境的生物，在地球上消失了踪迹。

海洋中的生物死亡后，它们的骨骼沉到海底，逐渐被挤压成数百米厚的岩石，而它们的肉体被藏在了岩石的缝隙中，在一定的温度和压力下变成黑色黏稠的液体，这就是海底石油。

【知识拓展】

(1) 古海绵（见图2-4）。古海绵出现在三亿年前，形状如瓶，身体固着在礁石上，不会行走。因为它身上有许多小孔，所以也叫做多孔动物。它就是利用周身这些像水管一样的小孔来汲取海水养料的。

(2) 三叶虫（见图2-5）。三叶虫因背部可以分为三部分而得名，是生命力极其顽强的远古动物。三叶虫在距今5.6亿年前的寒武纪出现，5亿~4.3亿年前发展到高峰，至2.4亿年前的二叠纪完全灭绝，前后在地球上生存了3.2亿多年。

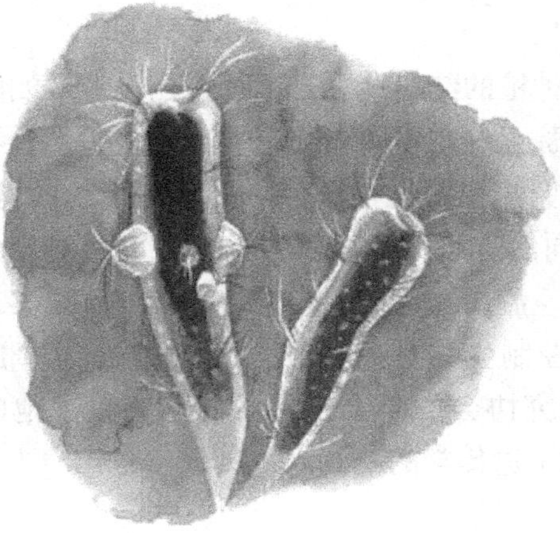

图2-4 古海绵

图2-5 三叶虫

2.2 遗传基因的神秘面纱

大家看过《侏罗纪公园》吗？这部影片一经上映就引起了轰动。它讲述了一名富商意外得到了一个琥珀，这个琥珀中包裹着一只蚊子，更神奇的是这只蚊子吸了恐龙血。富商找来了一批科学家，从这只蚊子身上提取了恐龙的血细胞，并把它移植到鳄鱼卵之中，由此复活了恐龙。于是就有了侏罗纪公园里发生的一系列的历险记。

影片虽然是虚构的科幻片，但是也引起了人们的关注与热议。在科技如此发达的今天，我们真的能将已经灭绝了几千万年的恐龙复活吗？在我们了解了基因的秘密之后，这一切都会水落石出。

2.2.1 遗传基因的发现

【问题】

“基因”现在是当下热门的科学词语之一。那么是谁发现的“基因”呢？又是怎么发现的呢？

非常有意思的是，第一个从事基因研究的人是一位修道士，名叫孟德尔。孟德尔在修道院里，观察豌豆的花开花落，从这些人们本就习以为常的自然现象中，发现了影响整个科学界的“基因”。

孟德尔设计了一组实验：在他所种植的红花豌豆自花授粉还没有开始时，他提前人为地把花药除去，然后将白花豌豆的花粉撒在红花豌豆的柱头上，再用一个大小相同的袋子罩在花朵上，并扎紧袋口，这样既消除了自花授粉的可能性，又防止了其他花粉的“入侵”。用相同的方法，孟德尔将具有各种相对性状的植株进行杂交，这样结出了杂交的种子。孟德尔花费了八年时间去细致观察杂交的豌豆，由此发现了生物体内存在的控制生物性状的东西，他称之为“遗传因子”。1865 年，在布鲁恩自然科学研究协会的年会上，孟德尔宣读了他的论文《植物杂交试验》。由此，孟德尔成为了遗传学的奠基人。

【知识拓展】

孟德尔是奥地利的一个普通农民家庭的孩子。受父母的影响，孟德尔从小很喜爱植物。

孟德尔在修道院的后院，种满了各种各样的植物。从 1856 年他就开始了一项科学实验，选择豌豆作为观察研究对象。孟德尔用统计方法，将这些豌豆花朵的父辈、子辈、孙辈的性状进行了记载，并整理成了“家谱”。在八年的时间里，他无意中发现了遗传规律的线索，于是逐步把重点转向了探索遗传规律。1865 年，孟德尔在布鲁恩自然科学协会的年会上，宣读了题为《植物杂交试验》

的论文。但是他的研究远远超过了那个时代科学发展的水平，所以当时没有引起别人的注意。但是，孟德尔坚信自己发现的价值，他曾说过这样一句话："我的时代会到来的。"是的，是金子总会发光的。

1884 年，孟德尔去世了。直到他离开的 35 年后，三位互不相识的异国科学家同时公布了自己多年来进行豌豆杂交实验的结果，结果完全一致。他们都以为自己是第一个发现了生物的遗传规律。当他们在图书馆里巡查有关资料时，三位科学家又不约而同地在布满尘埃的书架上看到了孟德尔的《植物杂交试验》论文。当他们仔细地看完这篇早已问世的论文后，发现自己只不过是对孟德尔的结论做了证实而已。这时，人们方知，孟德尔是一位超越时代的伟大科学家，孟德尔才是遗传学的真正奠基人。

2.2.2　染色体的发现

【问题】

20 世纪初，孟德尔的遗传规律学说被人们搬上了科学的舞台，遗传研究领域内掀起了研究基因的热潮。可是，孟德尔所说的"遗传因子"究竟躲在哪里呢?

200 年前，科学家胡克发现了细胞。于是人们得出了"一切生物机体都由细胞构成"的结论。人们大胆猜测：既然组成生物的基本单位是细胞，如果遗传因子确实存在，就应该藏在细胞中。

通过显微镜观察，人们发现，细胞内部有一个区域的物质比周围的物质要致密，好像被周围物质包裹的"核心"一样，人们把它命名为"细胞核"。细胞核在细胞分裂中扮演着举足轻重的角色。细胞可以通过"分身"由一个变成两个，由两个变成四个，而细胞分裂中，细胞核又是如何变化的呢？在很长一段时间内，这成了困扰世界科学家的难题。因为细胞是透明的，即使在显微镜下，也很难看清里面有什么。

后来，人们发现，细胞的某些部位可以用染料染上颜色，而有些部位就不能被染上色。这一发现扭转了细胞研究陷入困境的局面。

细胞在快要分裂的时候，通过染色可以在显微镜下观察到细胞核内短棒状的物质。细胞在分裂的时候，细胞核中被染色的物质本来是纤细如丝的，随着细胞分裂的发展，这种如丝的染色物质能逐渐变粗、变短，这种变粗、变短的染色物质就是染色体。

有意思的是，在分裂期，细胞好像知道要“分家”了一样，染色体数目会增加一倍，然后均匀地分配到两个细胞中去，相当于一家分一半，两个“儿子细胞”分到相等的“财产”。

如果细胞中有遗传因子，那么遗传因子应该能从上代传到下代。既然染色体能够从上代传到下代，那么遗传因子会不会就藏身在染色体中呢？1903 年，美国科学家萨顿等人发现，体细胞的染色体的总是成对存在，而每一个生殖细胞，无论是精细胞，还是卵细胞，只具有每一对染色体中的一个。根据这一发现，萨顿认为染色体可能和遗传有关，遗传因子可能存在于染色体上。于是，他提出了染色体是遗传物质载体的假设。可是遗传特征是多种多样的，而染色体的数目很少，如豌豆只有 7 对，人也只有 23 对，那么怎么解释不同的人有不同的长相、身材、性格呢？萨顿大胆猜测每条染色体上一定带有多个遗传因子。于是，萨顿提出了“染色体的遗传理论”，这是科学家们第一次把遗传因子和染色体联系在一起。

染色体的发现，对于揭开 DNA 的神秘面纱有很重要的作用。DNA 的中文全称是脱氧核糖核酸，它以双螺旋结构的形式存在于细胞中。按功能和储存位置区分，DNA 可以分为核 DNA、线粒体 DNA 和 X/Y DNA 三种形式。我们把 DNA 双螺旋结构中带有一个完整生物学信息的片段称为基因。核 DNA（无特别注明时，通常意义上的 DNA 均指核 DNA）来自于父本和母本基因的重新组合。这种重新组合完全是随机完成的，这就决定了每一个新的个体都具备自己独有的组合基因信息。这种基因信息（DNA）相当于父母传给子女的一张终生不变的生物身份证。

为保险起见，子女会把这张身份证复制在自己的每一个细胞里。理论上讲，我们只要能够提取到某个人的一个完整细胞，就能解读出这个人的生物身份证的全部编码。所以，当需要进行 DNA 检验时，通过抽取血样、刮取口腔细胞的方法，就能获得满足检验要求的细胞。

【知识拓展】

XY 染色体

DNA 被确定为遗传物质后，染色体的身份也就真相大白了，其实染色体的主要成分就是 DNA。一个染色体是由 DNA 分子浓缩而成，上面存放了很多基因信息。人的细胞直径是几十微米，可是它所含的 DNA 总长近 2 米。一个只有在显微镜下才能看到的小小细胞，怎么能装得下这么长的东西呢？原来 DNA 是很细的线性分子，它们把自己高度压缩后放进了细胞中。一个人体细胞内的 DNA

分子拉长后能达到2米之长，压缩成染色体后，总长却仅有0.5毫米，我们不得不叹服它的高度压缩能力。

DNA和蛋白质一起组成了染色体。复制后的两个DNA分子压缩成染色体后，各自成为染色单体。这两个染色单体开始并不分离，而是通过某一点链接在一起，像字母X（见图2-6）。最后，两个染色单体从X的中心连接点分离，分配到两个子细胞中。细胞完成分裂后，高度压缩的DNA又重新“解压”，染色体消失。所以，只有在细胞分裂的某个时期，我们才能看到染色体，那是DNA分子在细胞分裂期出现的一种特殊状态，这种特殊状态有着极其重要的作用。

人类基因组的DNA分子约含有30亿个碱基对。可以想象，如果长长的DNA分子纠缠在一起，像个乱线团，要把它们分配到两个子细胞中去是非常困难的。这时，生命又一次显示了它的神奇智慧：DNA分子被逐级缠绕、折叠成短粗的状态，这样就可以顺利进入子细胞内了。

大自然中的每一物种都有特定的染色体数，老鼠有20对，黄牛有30对，而我们人类有23对。人类的每一对染色体中，有一条来自父亲，另一条来自母亲。其中有一对比较特殊，因为它决定了我们的性别，它被称为性染色体。女性有两条一样的性染色体，表示为XX。男性有一条X染色体，还有一条女性所没有的Y染色体（见图2-7），正是这条染色体决定了男性与女性的区别。

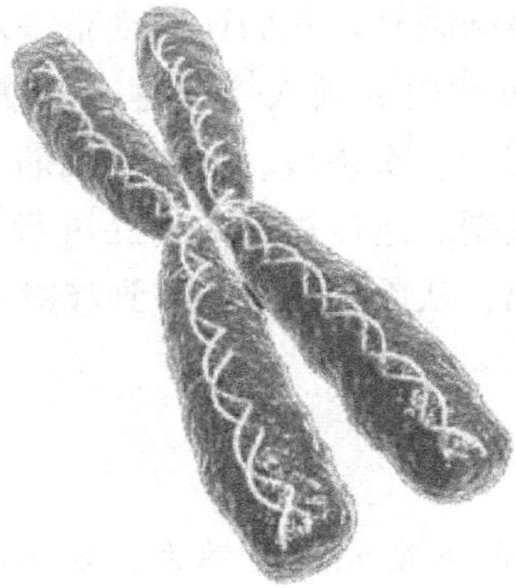

图2-6　染色体X

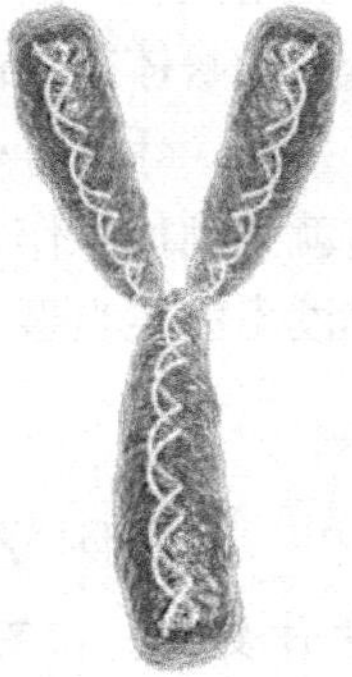

图2-7　染色体Y

人的绝大多数体细胞都含有46条染色体，而精子和卵子的染色体数只有23条，是体细胞的一半。爸爸的精子同妈妈的卵子的结合，产生了我们的生命，它们结合后又恢复成46条染色体的标准状态。我们之所以既继承了爸爸的某些遗传信息，又继承了妈妈的某些遗传信息，正是由于我们体内的染色体有一半来自爸爸，一半来自妈妈。

爸爸的性染色体是XY，这两条染色体分配到不同的精子中，就有了带X染色体的精子和带Y染色体的精子。妈妈的性染色体是XX，只产生带X染色体的卵子。如果是Y精子同X卵子结合，就发育成男孩；如果X精子同X卵子结合，就发育成女孩。

2.2.3 基因科技的发展与应用

【问题】

你能想出基因科学技术能应用在我们生活中的哪些领域吗？

20世纪50年代，DNA双螺旋结构被阐明，揭开了生命科学的新篇章，开创了科学技术的新时代。随后，遗传的分子机理——DNA复制、遗传密码、遗传信息传递的中心法则、作为遗传的基本单位和细胞工程蓝图的基因以及基因表达的调控相继被认识。遗传基因学与我们的生活联系越来越紧密。

2.2.3.1 刑侦领域

众所周知，细胞是构成人体的最小单位，但是你知道吗，除了在人体组织、器官以及血液、精液、唾液等体液中能获得人体细胞外，我们在其他很多地方也能获得。只要是人的身体接触的物体，我们都有可能提取到人体细胞，如烟头、邮票、封口胶带、果壳、牙刷、剃须刀、牙签儿、帽子、衣领口、枕巾、酒瓶、茶杯、工具把等，这就为刑侦工作人员提供了重要的依据。通过对这些物品进行DNA检测，就有可能解读出涉案当事人的生物身份证编码，从而按图索骥找到涉案人。

【案例2-1】

2007年仲夏夜，在某市城郊一个灯光昏暗的露天烧烤摊上，发生一起1死7伤的重大刑事案件。法医检验后推断摊主M是被他人用两根烤肉钢钎刺中胸部而死。然而由于案发时夜深天暗，没有目击证人，并且受害人已死，再也不能开口说话，因此顾客一方涉案的七个人谁都不承认自己用钢钎戳了人。以传统的侦查思维分析，本案的侦查似乎陷入了死胡同。好在快速发展的遗传基因科学技术为刑事侦查工作增添了新的助力。

办案机关将提取到的两根烤肉钢钎，以及死者和多名嫌疑人的血样进行了DNA检测，结果在钢钎尖端检查出来和受害人M血样高度一样的基因型。可初步认定这两根杠钱就是刺中M胸部的凶器，在钢钎环形柄部，检出了和嫌疑人C血样高度一致的基因型。面对DNA的检测结果，嫌疑人C很快供认了在情急之下使用钢钎刺中 M 胸部的作案事实，使这起伤害致死案得以顺利结案。

2.2.3.2　亲子鉴定

拐卖儿童案件时有发生。当公安部门历尽艰辛将被拐儿童解救出来时，却面临这样一个难题：许多孩子被拐时年龄尚幼，随着时间的流逝，长大后面貌改变的孩子，即使是父母也难以辨识。从火车上走下来的被拐儿童，被一群群泪眼模糊、盼子心切的父母围得水泄不通。所有的父母都希望眼前的这个孩子就是自己失散多年的亲人。可现在眼前这个长大了的孩子，是不是自己的亲生骨肉，怎样解决这个难题，让失散多年的亲人最终团聚，让一个个破碎的家庭重新团圆呢？最开始血型配对检测是常用的方法。但是 ABO 血型系统中只有 4 种常见血型类型，重复率很高，有一定的误差，不能得到完全肯定的答案。后来，随着分子生物学技术的掌握与发展，人们发现可以利用 DNA 检测的方法进行亲子鉴定。

每个人的 DNA 都是独一无二的，所以 DNA 亲子鉴定是目前亲子测试中最准确的一种方式。测试中，在 DNA 探针上，孩子会有一相同基因凝聚的条码与生母相同，而另一个条码与生父相同。非亲生父母，则与小孩并无相同条码。

DNA 亲子鉴定是基因研究献给人类的一份大礼。它解开了无数有关“父母”与“子女”之间血缘关系的疑团，给无数家庭重新带来了欢乐。

2.2.3.3　医学

现代医学研究表明，人类所有疾病都直接或间接地与基因有联系。只不过这种联系，有的相对比较简单，而大多数都比较复杂。有时候疾病仅仅源于一个基因的变化，称为“单基因病”，比如下面要提到过的“镰刀形细胞贫血症”，仅源于 DNA 中一个碱基的变化。这类疾病已发现 6000 余种，类似的还有多指症、白化病、早老症等。

但多数疾病，包括癌症，则有着相当复杂的原因，有许多基因要对发病负责。涉及两个以上基因的结构或表达调控的改变，就称为“多基因病”，如高血压、冠心病、糖尿病、哮喘病、骨质疏松症、神经性疾病、原发性癫痫等。还有一类为“获得性基因病”，这类疾病是通过感染产生的，病原微生物的基因入侵到宿主的基因，导致人得病，比如肝炎、艾滋病等传染性疾病。

人体有 3 万~5 万个基因，它们保证了人体的正常运转，一旦基因出现缺陷就会导致人得病。基因完好，细胞正常，则人体健康；基因受损，细胞变异，则人患疾病。

随着“基因病”概念的形成，科学家们开始对各种疾病进行基因分析。他们工作的第一步，就是寻找致病的基因。未来医学的发展趋势，就是根据每个人的基因组合来及早地预防可能发生的疾病。

除了上述几个领域之外，遗传基因学也可应用于农作物的转基因工程和考古等领域。

2.3 自然环境与生态

2.3.1 自然环境的定义

【问题】

地球作为全人类唯一的家园，给我们提供了衣、食、住、行和生存所需要的环境。人类要想长期在地球上繁衍生息，就必然会与大自然发生千丝万缕的关系。那么，你了解自己生活的环境吗？

我们通常说的环境是指人类居住的环境。《中华人民共和国环境保护法》对环境作了如下解释：环境是指影响人类生存和发展的各种天然的和经过人工改造的自然因素的总体。

环境一般情况下分为自然环境和社会环境。自然环境又称为地理环境，是指环绕于人类周围的自然界。自然环境包括大气、水、土壤、生物和各种矿产资源等。自然环境是人类赖以生存和发展的物质基础。在自然地理学上，通常把这些构成自然环境总体的因素，分别划分为大气圈、水圈、生物圈、土圈和岩石圈五个自然圈。

2.3.2 我国自然环境的概况

【问题】

同学们，你了解我们国家的自然环境吗？

我国国土面积广大，陆地面积有 960 多万平方千米，内海和边海的水域面积约为 470 万平方千米，我国的大陆海岸线长达 1.8 万千米，沿海有许多优良的港湾。

我国地势西高东低，大体可以分为三个主要地区：西南地区、东部和北部地区、西北部地区。西南地区多山，气候多变，有着世界上海拔最高的青藏高原。这一地区多冰冻的荒地、沼泽和盐湖，人口稀少。东部地区是中国庞大的人口聚居地区。尽管也有高低，但该地区高度多在海拔 400 米以下。此处河流纵横交叉，孕育了大片冲积平原和三角洲，是土地肥沃的农业地区，其中长江是中国也是亚洲最长的河流，700 条支流从昆仑山脉向东汇入长江，穿过中国中部，注入上海北部的太平洋入海口。西北部多高原，有大片沙漠、盆地和山脉。

我国幅员辽阔，气候复杂多样。气温从北向南逐渐升高，降水量从西北到东南逐渐增加。中国东北地区属于大陆性气候，夏季温暖潮湿，冬季漫长寒冷，年降水量不足 750 毫米。南部地区较为潮湿，最南端亚热带气候明显，有季风降雨。西北地区土地贫瘠，属于大陆性气候，冬季寒冷。我国西部地区由于远离海洋且海拔较高，气候极端恶劣，降水量较少。

水稻是我国南方地区的主导作物，也是中国人的主食，此外其他农作物，如小麦、玉米、谷子、大麦、大豆、油菜等也是我国的主要作物。我国还是世界上花生、棉花的主要生产国。另外，我国的畜牧产品和水产也是非常丰富的。

我国的矿产资源也非常丰富，有色金属矿产的产量居世界前列，如钛和钨等有色金属。除了这些，我国还盛产铁矿石、锡、铜、铝土。我国的铁矿石主要集中在东北部，该地区也是我国重工业的中心。

2.3.3　我国自然环境的特征

【问题】

我们学习了我国自然环境的概况，那么我国自然环境有什么样的特征呢？

（1）季风气候影响显著。我国受季风影响显著，季风环流对气候要素的组合形式与分布规律产生了深远的影响。季风的强弱和影响的范围，随着时间的变化而变化。季风在一年当中的交替和南北推移，对我国自然景观的形成和发展起着重要的作用。

季风也控制着我国东部和西部的差异，以及东部季风区自然地带的南北递变。我国亚热带有着面积很广阔，亚热带植物在世界同类植物中所占面积最大。亚热带地区由于受季风的影响，在高温季节降水丰沛，气候温暖湿润，成为世界上重要的农业发达地区。

（2）地形复杂。我国高原、山地、丘陵占有很大比重。青藏高原雄踞我国西南部，高原上耸立着许多著名的高大山系，位于中国和尼泊尔边境的珠穆朗玛峰，最高海拔8848多米，是世界第一高峰。

我国土地面积的25%的地形都是海拔在3000米以上的高山高原，我国东部有广阔的平原，其间也分布着很多山脉和丘陵。不同水平地带内的山地各具特征，从而加深了我国自然条件的复杂性和多样性。青藏高原的土壤、植被与同纬度低海拔的水平地带不同，属于垂直地带性的高寒类型，又与同纬度的山地土壤植被有明显区别。而类型相似的土壤在高原上分布的海拔界限也远比同纬度的山地要高，植被的旱生性也比同纬度的山地强烈。

(3) 独特的自然发展历史。由于第四纪冰川作用远没有欧洲、北美同纬度地区那样广泛、强烈，生物演化受到的影响不大，所以生物种属特别繁多，地理形态复杂，分布也比较混杂。古代红色风化壳分布范围较广，主要分布在长江以南，但甚至在大兴安岭还可能见到。在现代土壤中也能找到反映古代红色风化壳的残留特征。

(4) 人类的活动使自然界发生深刻的变化。我国历史悠久，长期的人类活动在很大程度上加速或延缓了自然景观的演变进程，强烈地改变着自然原有的面貌。几千年来，我国劳动人民开荒种植、砍伐森林、围湖造田、修塘筑堤、开河挖渠，在大地上开垦了十多亿亩农耕地，培育了许多农作物和牲畜品种，建成了都江堰、大运河等驰名中外的水利工程。近年来又修建了许多水库和水利枢纽工程，发挥了防洪、灌溉、发电、运输等多方面的综合水利效益，还建造了大面积防风固沙林与海防林。这些人类活动都使自然面貌发生着重大变化。

随着生产力的发展和科学技术的进步，会有越来越多的自然条件对社会发生作用，自然环境的范围会逐渐扩大。然而，由于人们生活的地理空间是有限的，人类社会赖以生存的自然环境是不可能膨胀到整个自然界的。

2.3.4 生态环境恶化现状

【问题】

同学们，你们知道什么是生态环境吗？随着人类社会的发展，现阶段的生态环境遭受了哪些破坏？

生态环境通常是指由生物群落及非生物自然因素组成的各种生态系统所构成的整体，主要或完全由自然因素形成，并间接地、潜在地、长远地对人类的

生存和发展产生影响。构成生态环境的物质种类很多，主要是空气、水、土壤、植物、动物、岩石矿物、太阳辐射等。生态环境是人类赖以生存的物质基础。

在特定的生态系统演变过程中，当其发展到一定阶段时，各种对立因素通过食物链的相互制约作用，使其物质循环和能量交换达到了一个相对稳定和平衡的状态。如果环境承载能力超过了生态系统所能承受的极限，就可能导致生态系统的不平衡。

人是整个生态系统中最积极、最活跃的因素，在人类社会的各个发展阶段，人类活动都会对生态环境产生影响。特别是近半个多世纪以来，由于人口的迅猛增长和科学技术的飞速发展，人类不断地征服自然和改造自然，严重破坏了生态环境。一方面，人类活动增大了向自然索取资源的速度和规模，加剧了自然生态失衡，带来了许多自然灾害。另一方面，人类本身也因自然规律的反馈作用而遭到了“报复”。生态环境问题已成为制约经济和社会发展的重大问题。

2.3.4.1 “地球发烧”

海拔较低的岛国图瓦卢因为海平面上升，而举国搬迁；同样“人间天堂”马尔代夫平均海拔只有一米，面临着被淹没的危险；太平洋海域许多珊瑚大面积死亡；北极冰川融化，世世代代生活在那里的动物们正面临家园的丧失（见图2-8）……我们的地球“发烧了”。

图 2-8 全球变暖，北极熊无家可归

也许你会好奇地球怎么会“发烧”呢？其实，这里所说的“地球发烧”指的是全球气候变暖。专家研究发现，二氧化碳等气体能够让太阳短波辐射到达地球表面，使地球表面升温，但却阻挡了地球表面向宇宙空间发射长波辐射，导致整个地球犹如一个温室，温度逐渐上升，形成“温室效应”。二氧化碳等气体则被称为“温室气体”。温室效应导致海水受热膨胀、冰川和南极洲的冰块融化，最终致使海平面上升。

引起温室效应的温室气体主要包括二氧化碳、甲烷、一氧化碳等气体，其中起主导作用的是二氧化碳。二氧化碳主要来自矿物燃料的燃烧，它在空气中的停留时间为50~100年。如果我们现在停止排放二氧化碳，50~100年后地球上的温室空气体含量才有可能恢复到工业革命之前的水平。

近年来由于人口急剧增加，工业迅猛发展，呼吸产生二氧化碳及煤炭石油天然气燃烧产生的二氧化碳，远远超过了原来的水平。据专家研究表明，在过去两百年中，二氧化碳浓度增加了25%，加上由于对森林乱砍滥伐、城市化建设，破坏了植被，减少了二氧化碳转化为有机物的条件。地表水域逐渐缩小，降水量大大降低，减少了吸收溶解二氧化碳的条件，破坏了二氧化碳生成转化的动态平衡，致使大气中的二氧化碳含量逐年增加，地球气温上升。气温的升高，将导致一些地区雨量增加，而另一些地区出现干旱，飓风力量增强，各种自然灾害都会因为全球变暖接踵而来。

2.3.4.2 “红色幽灵”——赤潮

赤潮也称红潮，国际上也称其为“有害藻类”或“红色幽灵”。赤潮是海洋生态系统中一种奇异的现象，它是由于海藻家族中的赤潮藻在特定环境条件下暴发性地繁殖造成的。海藻是一个繁殖能力较强的家族，除了一些大型海藻外，很多都是非常微小的植物。因为赤潮生物种类和数量的不同，于是海水就出现了红、黄、绿等不同颜色，所以赤潮不一定是红色的。

像人会生病一样，海洋也会患病。比如人患了皮肤病，脸上、身上长了各种疮痍，红肿难受。赤潮的发生就好比是海洋得了“皮肤病”，这时，平常蔚蓝的海洋就变成了一大片血红色的潮水，面积大得望不到边。赤潮不仅会对水产养殖与捕捞业造成危害，而且会对海洋环境造成破坏。许多赤潮生物所含有的毒素，可使海洋生物生理失调或死亡，使海洋动物呼吸和滤食活动受损，导致海洋动物机械性窒息死亡。那么这种可怕的现象产生的原因是什么呢?

研究发现，海水的温度是赤潮发生的重要环境因素，20~30摄氏度是赤潮发生的适宜温度范围。而造成海水温度上升的原因，其主要因素就是人类活动对海洋环境的破坏。

随着农业、工业生产的迅猛发展，沿海地区人口的增多，大量工农业废水和生活污水排入海洋，其中相当一部分并未进行污水净化处理，导致近海、港湾富营养化程度日趋严重。同时，沿海开发程度的加大和海水养殖业的扩大，带来了海洋生态环境和养殖业自身污染等问题。海运业的发展也导致了外来有害赤潮种类的引入。

据统计，世界上已有30多个国家和地区不同程度地受到过赤潮的危害。

2.3.4.3 “空中死神”——酸雨

我们通常把酸碱值小于5.65的雨、雪、霜、雾或其他形式的大气降水称为酸性降水，又称酸雨。酸雨是一种复杂的大气化学和大气物理的现象。酸雨中含有多种无机酸和有机酸，绝大部分是硫酸和硝酸。工业生产、民用生活燃烧煤炭排放出来的二氧化硫，燃烧石油以及汽车尾气排放出来的氮氧化物，经过“成云致雨的过程”，发生液相氧化反应，形成硫酸雨滴和硝酸雨滴，又经过“云下冲刷过程”，即含酸雨滴在下降过程中不断合并吸附、冲刷其他含酸雨滴和含酸气体，形成较大雨滴，最后降落在地面上，形成了酸雨。我国的酸雨是典型的硫酸型酸雨。

酸雨可以直接使大片森林死亡，农作物枯萎，也会抑制土壤中有机物的分解和氮的固定；淋洗与土壤离子结合的钙、镁、钾等营养元素，使土壤贫瘠化；还可使湖泊河流酸化，并溶解土壤和水体底泥中的重金属进入水中，毒害鱼类；并加速建筑物和文物古迹的腐蚀和风化过程，还可能危及人体健康。图2-9所示为受到酸雨腐蚀的花朵。

图 2-9 受到酸雨腐蚀的花朵

2.3.4.4 日益严重的水土流失

水土流失又称水土损失，是指在水力、风力、重力等外力的作用下，土壤被侵蚀、搬运和沉淀的过程。在自然状态下，纯粹由自然原因引起的地表侵蚀过程是非常缓慢的。但是，在人类活动的影响下，特别是人类严重破坏了坡地植被后，由自然因素引起的地表土壤破坏和土地物质的移动，会加速流失过程，发生严重的水土流失。由于我们毁林毁草、陡坡开荒、挖沙采石、过度放牧、开矿修路等许多不合理的经济活动，对地表植被进行了不可修复的破坏，造成了严重的水土流失。

我们的“母亲河”——黄河，因为水土流失面积增大而面临着严峻的环境恶化问题；被誉为“丝绸之路”的河西走廊，如今正在风沙的摧残下渐渐消失，成了沙逼人走、生态失衡的“难民区”；内蒙古河套“水源告急”，水资源短缺的状况日益严重；黄土高原水土流失面积达45万平方千米，成为世界上水土流失最严重的地区。图2-10所示为水土流失后的土地面貌。

2.3.4.5 土地沙漠化

土地沙漠化是由于气候变化和人类不合理的活动等因素，使干旱、半干旱和具有干旱灾害的半湿润地区的土地发生退化，从而造成表面沙化或板结，成为不毛之地的现象。过度的人为活动破坏了脆弱的生态平衡，使原本非沙漠的地区变成了沙漠，造成了土地生产力的下降。

图 2-10　水土流失

土地沙化是环境退化的标志，如不采取根本措施，土地风蚀沙化过程不仅不会自动停止，反而会加剧发展。我国面临的土壤资源被侵蚀的形势非常严峻，如新疆、内蒙古等“三北”地区。图 2-11 所示为农田沙化的景象。

图 2-11　农田沙化

2.3.4.6　光化学烟雾及其危害

研究表明，工厂排入大气的碳氢化合物和氮氧化物等一次污染物，在光的作用下会发生光化学反应生成二次污染物，参与光化学反应过程的一次污染物和二次污染物的混合物所形成的烟污染现象，称为光化学烟雾。光化学烟雾的特征是烟雾呈蓝色，具有较强的氧化性，其高峰出现在有强阳光照射的中午或午后，傍晚消失。污染区域往往在污染源的顺风向下几十到几百千米处。光化学烟雾会对人的眼睛有刺激作用，降低大气能见度，导致交通事故增多，对植物的生长也会产生严重危害。如图 2-12 所示。

图 2-12　光化学烟雾

2.3.5　保护生态环境

【问题】

作为青少年的我们，维护环境是我们义不容辞的责任。那么我们该如何在生活中践行环境保护的理念，如何用自己的行动创造和谐的生态呢？

人与自然环境的关系是复杂的，在人们利用自然的过程中，由于带有不同程度的盲目性以及利益的驱动，生态系统的平衡遭到破坏，从而导致自然环境的不断恶化。面对已然千疮百孔的地球家园，人类发起了具有针对性的环保行动。

环境保护就是人类有意识地保护自然资源并使其得到合理的利用，防止自然环境受到污染和破坏；对受到污染和破坏的环境必须做好综合治理，以创造出更适合于人类生活、工作的环境。

（1）节水为荣，请随时关上水龙头，阻止滴漏，别让水空流。我国是一个贫水国家，淡水资源还不到世界人均水量的 1/4，全国 600 多个城市有半数以上城市缺水，其中 108 个城市严重缺水。地表水资源的稀缺造成对地下水的过量开采。20 世纪 50 年代，北京的水井在地表下约 5 米处就能打出水来，现在北京 4 万口井平均深达 49 米。地下水资源已近枯竭，城市用水告急。

（2）监护水源，保护水源就是保护生命。据环境监测报告，全国每天约有 1 亿吨污水直接排入水体。全国七大水系中一半以上河段水质受到污染。35 个重点湖泊中，有 17 个被严重污染，全国 1/3 的水体不适于灌溉。90%以上的城市水域污染严重，50%以上城镇的水源不符合饮用水标准，40%的水源已不能饮用，南方城市总缺水量的60%~70%主要是由于水源污染造成的。如果我们不保护好水源，那我们将难以生活下去，所以，我们要杜绝在水源地洗澡、排污等一切有害水质的行为。

（3）慎用清洁剂，尽量用肥皂，减少水污染。大多数洗涤剂都是化学制品，洗涤剂大量的排放到江河里，会使水质恶化。长期不当地使用清洁剂，会损伤人的中枢系统，使人的智力发育受阻，严重的还会出现精神障碍。清洁剂残留在衣服上，会刺激皮肤发生过敏性皮炎。长期使用浓度较高的清洁剂，清洁剂中的致癌物就会从皮肤、口腔处进入人体内，严重损害人体健康。

（4）随手关灯，省一度电，少一份污染。我国是以火力发电为主、以煤为主要能源的国家。煤在一次性能源结构中占70%以上，煤炭燃烧时会释放出大量的有害气体，严重污染大气，并形成酸雨和造成温室效应。

（5）节用电器，为减缓地球变暖出一把力。大量的煤、天然气和石油燃料被用在工业、商业、住房和交通上。这些燃料燃烧时产生的过量二氧化碳就像玻璃罩一样，阻断地面热量向外层空间散发，将热气滞留在大气中，形成“温室效应”，所以我们在日常生活中，尽量少用电器，随手关闭电器。

（6）做“公交族”，以乘坐公共交通工具为荣，争当“自行车英雄”，保护大气，始于足下。我们城市中有40%~70%的污染物来自于机动车的排放污染。所以，提倡大家尽量多选择公交车、自行车作为出行方式，以减少汽车尾气污染物的排放。

（7）珍惜纸张，就是珍惜森林与河流。你可能没有直接砍伐森林，但是木材是造纸的主要原料，浪费纸张就等于加入了砍伐森林的行列。珍惜纸张就是珍惜我们的森林资源，请不要随便扔掉白纸。用过一面的纸可以翻过来做草稿纸、便条纸或自制成笔记本使用，过期的挂历可以包书皮。拒绝接受那些随处散发的无用的宣传纸。

【知识拓展】

保护臭氧层

臭氧是干什么的？它是因为闻起来臭而得名的吗？

其实臭氧是氧气的同素异形体，又称富氧、三原子氧、超氧。雷电过后，有时人们可以闻到臭氧的气味，有点鱼腥味。别认为臭氧像纯氧，人吸得越多越好。即使是氧气，吸得太多也会对人体产生极大的危害，况且臭氧的氧化性比氧气更强。

在大气中90%以上的臭氧存在于大气层的上部或平流层，离地面有10~50

千米。这是需要人类保护的大气臭氧层。臭氧层可以抵挡紫外线直接照射地球，它犹如一把保护伞，可以保护地球上的生物得以生存繁衍。同时，它的加热作用，也是平流层存在的前提。

随着科技的发展，臭氧层受到一些化学制品尤其是氟利昂等气体的破坏，如图 2-13 所示。这种现象已引起人们的普遍关注，人们已开始采取各种措施保护臭氧层。我们在生活中，也可以做一些力所能及的事情来保护臭氧层，比如购买带有“无氯氟化碳”标志的产品；在废弃电器之前，除去其中的氟氯化碳和氟氯烃制冷剂；不用含甲基溴的杀虫剂。

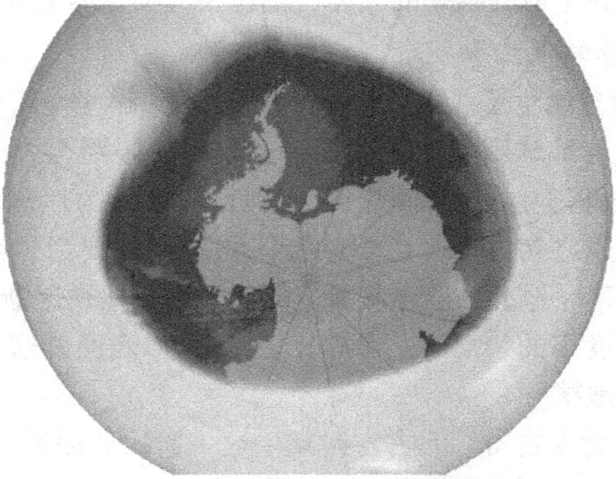

图 2-13　南极上空臭氧空洞

2.4　地球与宇宙

2.4.1　地球

【问题】

你对我们生活的地球了解多少呢？

2.4.1.1　地球概况

我们居住的地球是太阳系八大行星之一。按离太阳由近及远的次序，地球排在第三位，是太阳系中直径、质量和密度最大的类地行星，距离太阳 1.5 亿千米。地球自西向东自转，同时围绕太阳公转。现有40~46亿岁，地球有一个天然卫星——月球，二者组成一个天体系统——地月系统。46亿年以前起源于原始太阳星云。

地球赤道半径6378.137千米，极半径6356.752千米，平均半径约6371千米，赤道周长大约为40076千米，呈两极略扁赤道略鼓的不规则的椭圆球体。地球表面积5.1亿平方千米，其中71%为海洋，29%为陆地，在太空上看过去，地球是一个蓝色的球体。

地球内部是由核、幔、壳组成的，地球外部有水圈、大气圈和磁场。地球是目前宇宙中已知存在生命的唯一的天体，是包括人类在内上百万种生物的家园。

2.4.1.2　地球的诞生和演进

46亿年前，地球诞生了。地球演化大致可分为三个阶段。

（1）第一阶段为地球圈层形成时期。此阶段时限距今大约是4600~4200百万年。46亿年前地球诞生的时候，与我们现在所认知的地球相差巨大。根据科学家推断，地球形成之初是一个由炽热液体物质（主要为岩浆）组成的炽热的球。随着时间的推移，地表的温度不断下降，固态的地核逐渐形成，密度大的物质向地心移动，密度小的物质（岩石等）浮在地球表面，这就形成了一个表面主要由岩石组成的地球。

（2）第二阶段为太古宙、元古宙时期。这一阶段时限距今大约是4200~543百万年。地球不断地向外释放能量，由高温岩浆不断喷发释放的水蒸气、二氧化碳等气体构成了非常稀薄的早期大气层——原始大气。随着原始大气中的水蒸气的不断增多，越来越多的水蒸气凝结成小水滴，再汇聚成雨水落入地表，就这样，我们的原始海洋形成了。

（3）第三阶段为显生宙时期。这一阶段时限由543百万年至今。显生宙延续的时间相对前几个时期都较为短暂，但是这一时期生物非常繁盛，地质演化十分迅速，地质作用丰富多彩，加之地质体遍布全球各地，广泛保存，可以极好地对其进行观察和研究，是地质科学研究的主要对象，并在此基础上，建立起了地质学的基本理论和基础知识。

在地球演化过程中，发生了一些天文与地质事件，我们把发生这些事件的时间段称为“地质时期”。

在各个不同的地质时期，与地球相关的宇宙空间、太阳系和地球所发生的大事件，在地壳运动、地层、岩石、构造、古生物、冰川、古气候等方面都留下了记录。

在不同的地质时期，地质作用不同，特征不同，由此将地球历史划分为地球形成时期、地壳形成时期、进入太阳系前时期、进入太阳系时期、地月系形成时期、新生时期。

2.4.1.3 地貌

地球总面积约为 5.10072 亿平方千米，其中约 29%是陆地，其余 71%是海洋。

陆地主要在北半球，有五个大陆：欧亚大陆、非洲大陆、美洲大陆、澳大利亚大陆和南极大陆，另外还有很多岛屿。海洋则包括太平洋、大西洋、印度洋，北冰洋和南冰洋五个大洋及其附属海域。

陆地上最低点——死海，-418 米。

全球最低点——马里亚纳海沟，-11034 米。

全球最高点——珠穆朗玛峰，8848 米。

【问题】

同学们，你们还知道哪些有关于地理的世界之最呢？

2.4.1.4 地球运动

A 自转

地球自转是地球的一种重要运动形式，地球绕自转轴自西向东的转动，从北极点上空看呈逆时针旋转，从南极点上空看呈顺时针旋转。地球自转一周的时间是 1 日。

因为地球自转，所以我们有了昼夜交替；因为地球自转，我们有了不同地方的时间差异；因为地球自转，我们有了日月星辰的东升西落。可以说，地球自转，深刻地影响着人类的活动。

全球被划分为 24 个时区，各时区区时采用本时区中央经线（时区数乘以 15 度）的地方时，相差几个时区，区时就相差几个小时。我们国家所用的是北京所在的东八区区时（120 度 E 的地方时）。

B 公转

地球在自转的同时还围绕太阳转动。地球环绕太阳的运动称为地球公转。如图 2-14 所示。

因为同地球一起环绕太阳的还有太阳系的其他天体，太阳是它们共有的中心天体。公转的方向也是自西向东的，公转一周的时间是一年。地球公转的轨道是椭圆的，公转的轨道面（黄道面）与地球赤道面的交角为 23°27′，称为黄赤交角。因为有地球公转及黄赤交角的存在，所以地球有了四季的交替。

从地球上看，太阳沿黄道逆时针运动，黄道和赤道在天球上存在相距 180°的两个交点，其中太阳沿黄道从天赤道以南向北通过天赤道的那一点，称为春分点，与春分点相隔 180°的另一点，称为秋分点，太阳分别在每年的春分（3 月 21 日前后）和秋分（9 月 23 日前后）通过春分点和秋分点。对居住在北半球的人来说，当太阳分别经过春分点和秋分点时，就意味着已是春季或是秋季时节。

太阳通过春分点到达最北的那一点称为夏至点，与之相差180°的另一点称为冬至点，太阳分别于每年的6月22日前后和12月22日前后通过夏至点和冬至点。同样，对居住在北半球的人，当太阳在夏至点和冬至点附近，从天文学意义上，已进入夏季和冬季时节。上述情况，对于居住在南半球的人，则正好相反。

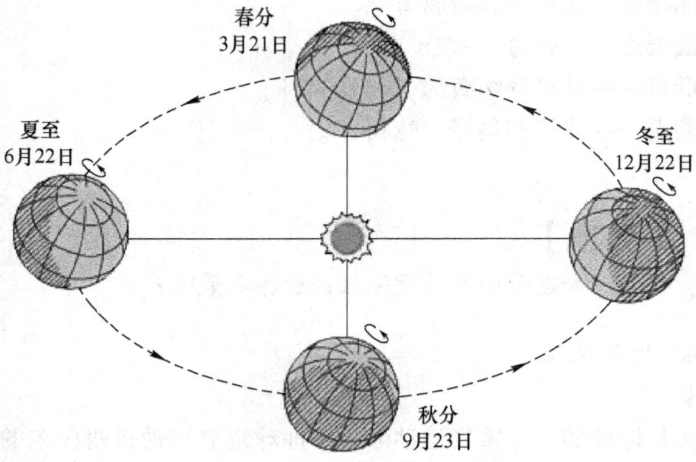

图2-14　地球公转

2.4.2　宇宙

【问题】

每一个人在仰望星空时，都会感叹宇宙的神奇与浩瀚，那么你知道宇宙是什么时候诞生的吗，宇宙中的所有物质又是怎么来的，宇宙是永恒不变的吗？

2.4.2.1　宇宙的起源

“宇宙”这个名字取自《庄子》的“往古来今谓之宙，四方上下谓之宇”，这也是古人对于宇宙的认知与定义。现代天文学认为，宇宙是所有时间、空间、物质的总和，是我们这个物质世界的整体。

那么宇宙是怎么来的呢？各个民族在不同的时代，面对宇宙时，都有过种种不同的传说，不过那都是想象与幻想。科学技术和天文学发展到今天，虽然有了很大进步，但是对于宇宙的起源，仍然处于假说阶段。

“宇宙大爆炸论”是现在科学界流传最广，支持度最高的假说。持此观点的人认为，大约在 200 亿年前，构成我们今天所看到的天体的物质都集中在一起，密度极高，温度高达 100 多亿度，被称为“原始火球”。后来不知道什么原因，原始火球发生了大爆炸，组成火球的物质飞散到四面八方，产生了氢原子、氦原子，并且散落的物质开始联合形成星云、星系和恒星。大爆炸后诞生的宇宙，随即不断扩展和膨胀。在星云的发展中，大部分气体变成了星体，其中一部分物质因受到星体引力的作用，变成了星际介质。

2.4.2.2　宇宙的层次结构

在我们看来，仿佛永远没有边界的宇宙，其实也是有层次结构的。

人们仰望浩瀚的星空，仔细观察后发现，大部分星体的位置似乎不变，人们称这些星体为恒星。实际上，它们不是绝对不动的，它们的相对位置也在变化，用很精确的天文仪器可以观察到它们的运动。

太阳就是一颗恒星。行星、小行星、彗星和流星体都围绕中心天体太阳运转，构成太阳系。而我们的太阳系外也存在其他行星系统。约 2500 亿颗类似太阳的恒星和星际物质构成更巨大的天体系统——银河系（见图 2-15）。银河系的直径约 10 万光年，其中有千千万万的恒星。太阳位于银河系的一个旋臂中，距银河系的中心约 3 万光年。银河系外还有许多类似的天体系统，称为河外星系，常简称星系。目前观测到 10 亿个星系。

图 2-15　银河系

星系聚集成大大小小的集团，称为星系团。平均而言，每个星系团约有百余个星系，直径达上千万光年。现已发现上万个星系团。包括银河系在内约 40 个星系构成的一个小星系团称为本星系群。

若干星系团集聚在一起构成的更高一层次的天体系统称为超星系团。超星系团往往具有扁长的外形，其长径可达数亿光年。通常超星系团内只含有几个星系团，只有少数超星系团拥有几十个星系团。

本星系群和其附近的约 50 个星系团构成的超星系团称为本超星系团。

2.4.2.3　太阳系

【问题】

你对每天为我们带来光明的太阳及它所在的太阳系有多少了解呢？

我们知道太阳是一颗能够发光的巨大恒星。天文学家把太阳分为了“里三层”和“外三层”。从最中心向外，依次是核反应区、辐射区、对流区。“外三层”依次是光球层、色球层和日冕层。如图 2-16 所示。

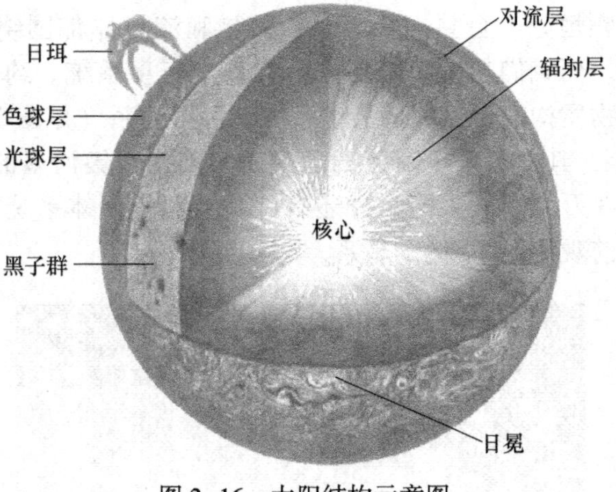

图 2-16　太阳结构示意图

太阳上的元素种类很多，其中氢和氦是最主要的元素。

我们平时看到的太阳是一个发着明亮耀眼的表面圆滑的光球。实际上，光球并不完美，它上面常常会出现黑斑，我们称这些黑斑为太阳黑子。太阳黑子并不是真的黑，而是出现黑子地方的温度比周围温度低，以至于相对“发黑”。除了黑子，太阳上的“天气”还有耀斑、日珥、太阳风等。太阳“天气”的活动，与地球有着千丝万缕的联系。现在，有很多国家不仅预报地球的天气，而且已经开始重视太阳“天气”的预报了。

太阳系（见图 2-17）中围绕太阳公转的除了地球，还有七个行星。水星是最接近太阳的行星，但是在八大行星中却是最小的。水星昼夜温差极大，白天 430 摄氏度，晚上可达约-170℃，是太阳系八大行星中温差最大的一个行星。水星的外大气层非常稀薄，是由水星表面和太阳风中的原子和离子构成。

图2-17 太阳系

金星是离太阳第二近的行星，夜空中亮度仅次于月球。金星上没有水，大气中严重缺氧，二氧化碳占97%以上，空气中有一层厚达20~30千米的浓硫酸云，地面温度从不低于400摄氏度，是个名副其实的“炼狱”般世界。

火星是地球的近邻，是太阳系由内往外第四颗行星。其体积为地球的15%，质量为地球的11%。火星表面是一个荒凉的世界，空气中二氧化碳占了95%。火星大气十分稀薄，密度还不到地球大气的1%，因而根本无法保存热量。这导致火星表面温度极低，很少超过0摄氏度，在夜晚，最低温度可达到-123摄氏度。火星被称为红色的行星，这是因为它表面布满了氧化物，因而呈现出铁锈红色；其表面的大部分地区都是含有大量红色氧化物的大沙漠，还有赭色的砾石地和凝固的熔岩流。火星上常常有猛烈的大风，大风扬起沙尘能形成可以覆盖火星全球的特大型沙尘暴。每次沙尘暴可持续数个星期。火星两极的冰冠和火星大气中含有水分。从火星表面获得的探测数据证明，在远古时期，火星曾经有过液态的水，而且水量特别大。

木星是太阳系由内向外的第五颗行星，而且是最大的一颗，比所有其他的行星的质量和大2倍（地球的318倍）。它是气态行星，没有实体表面，由90%的氢和10%的氦及微量的甲烷、水、氨水和“石头”组成。这与形成整个太阳系的原始的太阳系星云的组成十分相似。木星可能有一个石质的内核，相当于10~15个地球的质量。内核上则是大部分的行星物质集结地，以液态氢的形式存在。液态金属氢由离子化的质子与电子组成（类似于太阳的内部，不过温度低多了）。

土星是太阳系由内向外的第六颗行星，体积仅次于木星。其主要由氢组成，还有少量的氦与微量元素，内部的核心包括岩石和冰，外围由数层金属氢和气体包裹着。科学家的最新研究发现，当土星轨道倾斜20°将使地球轨道比金星轨道更接近太阳，同时，这将导致火星完全离开太阳系。土星是已知唯一密度小于水的行星，假如能够将土星放入一个巨大的浴池之中，它将可以漂浮起来。

天王星是太阳系由内向外的第七颗行星。其体积约为地球的65倍，在八大行星中仅次于木星和土星。上层大气层的甲烷吸收红光，使天王星呈现蓝绿色。大气在固定纬度集结成云层，类似于木星和土星在纬线上鲜艳的条状色带。

海王星是太阳系由内向外的第八颗行星。海王星在 1846 年 9 月 23 日被发现，是唯一利用数学预测而非有计划地观测发现的行星。海王星绕太阳运转的轨道半径为 45 亿千米，公转一周需要 165 年。从 1846 年发现到今天，海王星刚走完一个全程。海王星的直径和天王星类似，质量比天王星略大一些。海王星和天王星的主要大气成分都是氢和氦，内部结构也极为相近，所以说海王星与天王星是一对孪生兄弟。海王星云顶的温度是-218 摄氏度，是太阳系最冷的地区之一。

要特别说明的是冥王星。冥王星位于海王星以外的柯伊伯带内侧，是柯伊伯带中已知的最大天体。2006 年 8 月 24 日，国际天文学联合会大会 24 日投票决定，不再将传统九大行星之一的冥王星视为行星，而将其列入“矮行星”。

【知识拓展】

“红日初升”，“残阳如血”，这是我们形容日出、日落景观的词语。那么为什么日出和日落时，太阳特别的发红呢？这就要归功于大气了。

太阳的光线，实际上是由红、橙、黄、绿、青、蓝、紫七种颜色的光波组成的。其中，红色光波的波长最长，紫色光波的波长最短。空气微尘、水分和空气分子像三棱镜一样把七色光分散开来，我们将这一现象称为散射作用。

散射的规律是波长越短，散射越厉害。地平线上的太阳光穿透厚厚的空气时，紫光和蓝光被空气大大地减弱了，剩的最多的就是红色光了。于是，我们就看到了日出、日落时浪漫的景象。

2.5 探索自然的奥秘

【问题】

同学们，与自然、地球和宇宙相比，人类虽然显得很渺小，但却因为我们有着探索一切奥秘的好奇心，而显得伟大。在探索自然奥秘的路上，你做过哪些有意思的小实验呢？

自然并不遥远，它就在我们的身边；奥秘并不神秘，我们也可以探索研究。

同学们，请带着你的好奇心，一起来做几个有意思的小实验吧。

2.5.1　用 DNA 做纪念项链

通过前面的学习，同学们都知道了我们每个人都含有 23 对染色体，每对染色体中的一个来自父亲，一个来自母亲，而所有染色体都是由 DNA 等物质组成。听起来 DNA 是不是很神秘啊？今天，教大家一个小方法，只需要十几分钟，就可以提取你自己的 DNA，并且可以做成一条“祖传项链”。赶紧让我们看看是如何制作的吧！

2.5.1.1　实验准备

一个透明杯子，牙签，蒸馏水，盐，洗洁精，隐形眼镜清洗液，冰块，白酒，精油，酒精。

2.5.1.2　实验步骤

（1）获取口腔上皮细胞：含一口蒸馏水，开始漱口，试着用自己的舌头舔口腔内膜，大约两分钟。

（2）将口腔内的液体吐到杯子里。

（3）将半勺盐放入杯中，动作轻柔缓慢地搅拌 10 圈。

（4）在杯中加入洗洁精 5~6 滴，均匀慢速地搅拌 3 分钟，动作一定要慢。

（5）再在杯中加入隐形眼镜清洗液 5 滴，依旧缓慢搅拌 10 圈，然后放入冰块静置五分钟。

（6）再次搅拌 10 圈，将冷藏的白酒缓慢倒入杯中，此时酒精便自然分层游离在唾液上面，唾液则沉淀在杯子下面。

（7）利用 DNA 不溶于酒精的原理，现在在杯子里可以看到上清下浑的酒精和唾液分层中间，出现了固态絮状的 DNA。用筷子轻轻搅拌，将 DNA 缠绕起来，缓缓拉出水面，就能目睹 DNA 的真面目了。这就是属于你的独一无二的 DNA 哦！

（8）别着急，最后一步很关键，将 DNA 放入小瓶，加入一些精油或者酒精。这样，一条兼具观赏价值与特殊含义的 DNA 项链就做好了。

2.5.1.3　实验揭秘

DNA 主要存在于真核生物的细胞核中，动物、植物都属于真核生物。在高温的条件下，DNA 会变性（被破坏），而在常温和低温条件下，则可以保存。由于哺乳动物成熟的红细胞不含有细胞核，因此人类的血液中含有的 DNA 是比较少的，如果想要在非实验室环境下提取自己的 DNA，建议选择其他容易获得的细胞，比如口腔的上皮细胞等。

2.5.2　不融化的“雪人”

冬天的时候，到操场上去打雪仗、堆雪人是我们最期待的事情，但是看到大家齐心合力好不容易堆好的雪人，不能放在家里观赏，真的是很遗憾。别沮丧，马上就教大家制作一个不融化的“雪人”

2.5.2.1 实验准备

纸尿裤，剪刀，塑料封口袋，脸盆，清水。

2.5.2.2 实验步骤

（1）用剪刀将纸尿裤剪开，收集里面沙粒般大小的白色颗粒，越多越好。将收集好的颗粒放入塑料封口袋进行密封保存。

（2）将白色小颗粒倒入脸盆，均匀地铺满脸盆底部。

（3）将清水倒入脸盆。倒水过程中可以用筷子搅拌，帮助小颗粒充分接触到水。

同学们，这时候，你看到了什么？

让我们再做一个小小的恶作剧吧。这次我们拿两个一模一样的水杯（瓶口大，瓶底小），在其中一个水杯底部撒满白色小颗粒，另外一个什么也不放，拿好一瓶清水，找到一位愿意配合开玩笑的同学。

把铺满了白色颗粒的杯子留给自己，什么都没有的杯子给那个小伙伴，说服他模仿你的动作。

首先，你把少量的水倒入杯子，他也这样操作，然后，你把杯子倒扣在自己头上，竟然一滴水也没有流下来。那个倒霉的小伙伴当然也要跟着做，当他把杯子扣在自己头上时，就变成名副其实的“倒霉蛋”啦。

2.5.2.3 实验揭秘

聪明的你，一定知道不会化的“雪人”和水杯恶作剧的关键材料就是纸尿裤里的白色小颗粒了。那么，这种白色小颗粒，究竟是什么呢？其实，它的名字叫做“高吸水性聚合物”，对水“情有独钟”，能够在一瞬间将比自己多500倍的水吸收掉。正因为白色小颗粒有如此强大的吸水能力，所以才会被填充到纸尿裤里，保持宝宝皮肤的干爽。

同学们，这种“高吸水性聚合物”还会应用在哪里呢？

需要特别注意的是，这种“高吸水性聚合物”是工业材料，只是在吸水后外形像雪而已，并非是真正的雪，你可不要把它放在嘴里吃掉哟。

思考与练习

一、单选题

（1）世界上最小的生物是（　　）。

A 细菌

B 病毒
C 蚂蚁
D 海藻

（2）生命的本质是（　　）。
A 核酸
B 蛋白质
C 胆固醇
D 核酸与蛋白质的结合

（3）最初的生命在（　　）形成。
A 陆地
B 天空
C 海洋
D 宇宙

（4）是谁发现的“基因”？（　　）
A 爱迪生
B 居里夫人
C 孟德尔
D 爱因斯坦

（5）人类有（　　）对染色体。
A 21
B 22
C 23
D 24

（6）我国国土面积广大，陆地面积有（　　）万平方千米。
A 820
B 900
C 960
D 1200

（7）世界第一高峰珠穆朗玛峰海拔是（　　）多米。
A 5320
B 8840
C 9630
D 8389

（8）地球是太阳系八大行星之一。按离太阳由近及远的次序，地球排在第（　　）位。

A 一
B 二
C 三
D 四

(9) 当太阳分别经过（　　）和（　　）时，就意味着已是春季或是秋季时节。
A 赤道　黄道
B 春分点　秋分点
C 中央经线　黄赤交角
D 夏至点　冬至点

(10) 天文学家把太阳分为了“里三层”和“外三层”。从最中心向外，依次是核反应区、辐射区（　　）。
A 对流层
B 光球层
C 日冕层
D 对流区

二、判断题

(1) 环境一般情况下分为生态环境和社会环境。(　　)
(2) 大米是南方地区的主导作物。(　　)
(3) 环境是指影响人类生存和发展的各种天然的和经过人工改造的自然因素的总体。(　　)
(4) 二氧化碳是引起温室效应的气体之一。(　　)
(5) 生态环境是人类赖以生存的物质基础。(　　)

三、简答题

(1) 基因科学技术能应用在我们生活中的哪些领域？

____
____
____
____
____

(2) 我国自然环境有什么样的特征？

____
____
____

（3）在生活中，如何用自己的行动创造和谐的生态呢？

模块2　专业科学技术知识

3　计算机与信息技术

今天，我们处在高速发展的信息社会，计算机与信息技术已经广泛应用到生活、工作的各个领域，改变着我们传统的学习、工作和生活方式，可以说，在我们身边计算机无处不在。让我们一起走进计算机的世界，了解计算机的历史、现在和未来。

3.1　计算机发展历程

3.1.1　计算机的诞生

【问题】

在这个数字时代，我们的生活越来越离不开计算机，计算机技术也越来越趋向成熟，那你知道第一台电子计算机是什么时候诞生的？是谁发明的？

1946 年世界上第一台电子计算机在美国宾夕法尼亚大学研制成功。电子计算机发明人是宾夕法尼亚大学莫尔电气工程学院的莫奇利和埃科特，它是第一台具有很大实用价值的电子计算机，命名为 ENIAC（埃尼阿克）。它的运算速度为

5000 次加法/秒、质量达 30 吨、占地 170 平方米、由 18800 只电子管和 1500 个继电器组成。功率 150 千瓦，据说 ENIAC 每次开机，整个费城西区的电灯都为之黯然失色。

3.1.2　计算机的发展阶段

【问题】

大家现在使用的计算机主要有台式机和笔记本，性能越来越高，体积越来越小，使用越来越方便，那你知道计算机的发展都经历了什么？它们原来的样子是怎样的？

从第一台计算机诞生到现在，计算机在性能和外观上都改善了很多，习惯上人们把计算机的发展划分为四个阶段，见表 3-1，主要依据就是每一代计算机所采用的核心部件。

表 3-1　计算机的发展阶段

时　　代	主要元件	主　要　成　就
第一代 电子管计算机（1946~1956 年）	电子管	电子管计算机的出现，揭开了人类历史新篇章，主要用于科学计算
第二代 晶体管计算机（1956~1963 年）	晶体管	首次将晶体管用于计算机，使计算机缩小了体积，减低了供电量，提高了速度和可靠性。除科学计算外，已应用于数据处理、过程控制
第三代 集成电路计算机（1963~1971 年）	中小规模 集成电路	应用于科学计算、数据处理、过程控制，并进入以计算机网络为特征的应用时代
第四代 大规模、超大规模集成电路 计算机（1971 年~现在）	大规模、超大 规模集成电路	超级计算机、微型计算机、智能计算机

3.1.3　计算机未来的发展方向

【问题】

让我们一起想象一下，未来的计算机会是怎样的呢？它会朝着什么样的方向发展呢？

从第一台计算机诞生至今的半个多世纪里，计算机的应用得到不断拓展，计算机类型不断分化，这就决定计算机的发展也朝不同的方向延伸。当今计算机技术正朝着巨型化、微型化、网络化和智能化方向发展，在未来更有一些新技术会融入到计算机的发展中去。

(1) 巨型化。巨型化指计算机具有极高的运算速度、大容量的存储空间、更加强大和完善的功能，主要用于航空航天、军事、气象、人工智能、生物工程等学科领域。

(2) 微型化。大规模及超大规模集成电路发展的必然就是微型化。从第一块微处理器芯片问世以来，计算机芯片的发展速度与日俱增，集成度每18个月翻一番，而价格则减一半，这就是信息技术发展功能与价格比的摩尔定律。计算机芯片集成度越来越高，所实现的功能越来越强，使计算机微型化的进程和普及率越来越快。

(3) 网络化。网络化是计算机技术和通信技术紧密结合的产物。尤其进入20世纪90年代以来，随Internet的飞速发展，计算机网络已广泛应用于政府、学校、企业、家庭等领域，越来越多的人接触并了解计算机网络的概念。计算机网络将不同地理位置上具有独立功能的不同计算机通过通信设备和传输介质互连起来，在通信软件的支持下，实现网络中的计算机之间共享资源、交换信息、协同工作。计算机网络的发展水平已成为衡量国家现代化程度的重要指标，在社会经济发展中发挥着极其重要的作用。

(4) 智能化。智能化让计算机能够模拟人类的智力活动，如学习、感知、理解、判断、推理等能力；具备理解自然语言、声音、文字和图像的能力；具有说话的能力，使人机能够用自然语言直接对话；它可以利用已有的和不断学习到的知识，进行思维、联想、推理，并得出结论，解决复杂问题，还具有汇集记忆、检索有关知识的能力。

3.1.4 未来计算机

【问题】

同学们，你们知道未来计算机是什么样子的吗？请你思考一下。

目前计算机技术的发展都是以电子技术的发展为基础的，集成电路芯片是计算机的核心部件。随着高新技术的研究和发展，我们有理由相信计算机技术也将拓展到其他新兴的技术领域，计算机新技术的开发和利用必将成为未来计算机发展的新趋势。

(1) 神经计算机。神经计算机是模仿人大脑的判断能力和适应能力，并具有可并行处理多种数据功能的神经网络计算机。神经计算机是类似于智能生物的大脑，可以完成类似于生物大脑的复杂计算，甚至可以完成类似于写作等复杂功能。目前，日本和美国的科学家已经研究开发出功能类似的计算机。

(2) 量子计算机。量子计算机是一类遵循量子力学规律进行高速数学和逻辑运算、存储及处理量子信息的物理装置。若某个装置处理和计算的是量子信息，运行的是量子算法，它就是量子计算机。量子计算机的概念源于对可逆计算机的研究，研究可逆计算机的目的是为了解决计算机中的能耗问题。然而现在，量子计算机更多给予了科学家们突破传统计算机数据运算和处理能力的期望，因为理论上一块量子计算机就可以超越一台银河超级计算机的运算能力。目前，美国已经开发出量子计算机，但是其运算能力还尚未超过传统计算机，但是诸如 IBM、Google、Intel 这些科技公司，已着力于量子计算机的研究和开发。

(3) 光子计算机。光子计算机可以认为是激光计算机的升级版本，是一种由光信号进行数字运算、逻辑操作、信息存储和处理的新型计算机。以光子代替电子，光运算代替电运算。光的并行、高速天然地决定了光子计算机的并行处理能力很强，具有超高运算速度。光子计算机还具有与人脑相似的容错性，系统中某一元件损坏或出错时，并不影响最终的计算结果。目前，美国的贝尔实验室已经研发出了世界第一台光子计算机，美国国家航天局也正在大力投资此类研究。

3.2 网络技术

网络技术是计算机技术与通信技术相互结合的一种技术，随着网络技术的高速发展和普及应用，计算机互联网成为当前信息技术发展的平台。通过互联网人们实现资源共享、信息发布、互动交流以及电子商务、电子政务等各方面的应用。

3.2.1 互联网技术的起源

【问题】

互联网已经融入我们工作、生活、学习的各个方面，那么互联网最初的雏形是什么？研发的动机和背景是什么？

1968 年，美国国防部高级研究计划局组建了一个计算机网，名为 ARPANET，又称“阿帕网”。数据表明，新生的“阿帕网”得到了国会批准的 520 万美元的资金及两亿美元的项目总预算。时逢美苏冷战，美国国防部认为，如果仅有一个集中的军事指挥中心，万一被苏联摧毁，全国的军事指挥将处于瘫痪状态，所以需要设计一个分散的指挥系统。分散的指挥系统由一个个分散的指挥点组成，当部分指挥点被摧毁后，其他点仍能正常工作，而这些分散的点又能通过某种形式的通信网取得联系。

1969 年，“阿帕网”第一期投入使用，有 4 个节点，分别是加利福尼亚大学洛杉矶分校、加利福尼亚大学圣巴巴拉分校、斯坦福大学以及位于盐湖城的犹他州州立大学。位于各个结点的大型计算机采用分组交换技术，通过专门的通信交换机（IMP）和专门的通信线路相互连接。一年后“阿帕网”扩大到 15 个节点。1973 年，“阿帕网”越过大西洋利用卫星技术与英国、挪威实现连接，扩展到了世界范围。互联网就萌芽于此。所以在一定程度上，我们可以说，互联网起源于美苏冷战。

3.2.2　我国互联网技术的发展

【问题】

我国互联网发展过程是怎样逐步和国际互联网全功能相连？我国什么时候正式成为接入国际互联网的第 77 个国家？

1987 年 9 月 20 日 20 点 55 分，按照 TCP/IP 协议，中国兵器工业计算机应用研究所成功发送了中国第一封电子邮件，这封邮件以英德两种文字书写，内容是：Across The GreatWall we can reach every corner in the world（越过长城，走向世界）。标志着中国与国际计算机网络已经成功连接。

此后，中国用了近七年的时间真正接入互联网。这七年标志性的事件包括：

（1）1988 年，中国科学院高能物理研究所采用 X. 25 协议，使本单位的 DECnet 成为西欧中心 DECnet 的延伸，实现了计算机国际远程联网以及与欧洲和北美地区的电子邮件通信。

（2）1989年11月，中关村地区教育与科研示范网络（NCFC）正式启动，由中国科学院主持，联合北京大学、清华大学共同实施。

（3）1990年11月28日，中国注册了国际顶级域名CN，在国际互联网上有了自己的唯一标识。最初，该域名服务器架设在卡尔斯鲁厄大学计算机中心，直到1994年才移交给中国互联网信息中心。

（4）1992年12月，清华大学校园网（TUNET）建成并投入使用，是中国第一个采用TCP/IP体系结构的校园网。

（5）1993年3月2日，中国科学院高能物理研究所接入美国斯坦福线性加速器中心（SLAC）的64K专线，正式开通中国连入Internet的第一根专线。

（6）1994年4月20日，中国实现与互联网的全功能连接，成为接入国际互联网的第77个国家。

3.2.3 我国互联网基础设施支撑产业的发展现状

【问题】

我国互联网基础设施发展迅速，那发展现状如何呢？

据中国互联网络信息中心有关数据，截至2016年6月，中国网民规模为7.1亿，互联网普及率达到51.7%，网民数量继续稳居全球首位。移动电话4G用户达到7.14亿，比去年同期增长3.86亿，增幅达到118%，占移动电话用户的比重达到54.1%，仍旧保持高速增长。网民数量的平稳增长与移动互联网用户的快速增加，为各类互联网应用的创新成果惠及百姓民生提供了有力支撑。

“宽带中国”战略进入优化升级阶段，光纤网城市成为发展热点。伴随着“宽带中国”战略的推进和提速降费措施的落实，宽带提速效果日益显著。电信普遍服务试点的实施，支持全国27个省（自治区、直辖市）的10万个行政村开展网络光纤到村建设和升级改造，解决3.1万个贫困农村网络覆盖建设问题，为网络扶贫、缩小城乡“数字鸿沟”提供了重要手段，为网络强国建设提供了有力支撑。据工业和信息化部有关数据，8兆比特/秒及以上接入速率的宽带用户总数达到2.59亿户，20兆比特/秒及以上宽带用户总数2.11亿户，光纤接入用户总数达到2.15亿户。随着网络带宽的不断提升，建设光纤网城市成为了城市下一步发展方向，并为智慧城市的落地夯实了基础。

移动网络全面进入“4G”时代。报道数据显示，中国移动4G用户已达到5.83亿户，占全球用户数超过30%。中国联通4G用户累计1.33亿户，中国电信则是1.47亿户。4G用户共计8.63亿户。中国移动表示，下一步重点是提升4G人口覆盖率到99%，4G基站达到177万个，启动346个城市的物联网建设，完成2亿连接规模，2018年开始5G规模试验，2019年预商用，2020年正式商用。

3.2.4 互联网技术的应用

【问题】

互联网已经渗透到人们日常的学习、工作、生活、娱乐等各个方面，为我们带来了前所未有的方便。那么互联网的典型应用有哪些？

(1) 网络媒体。互联网作为一种新兴的传播媒体，由于互动性良好、表现形式多种多样、感染力突出，成为了继报纸、广播、电视等后的“第四媒体”，各大新闻网站、门户网站、企事业单位，都相继开通了这一宣传通道。

(2) 信息检索。在网络中，如何找到自己所需要的信息？网络搜索技术帮助我们收集着各种各样的信息。我们只需要输入关键词，就可以通过它查询到我们所需要的相关信息。国内常用的搜索引擎有百度、360和搜搜等。国外著名的搜索引擎有谷歌（Google）、雅虎（Yahoo）等。

(3) 电子邮件。电子邮件（E-mail），标志为@，也被大家昵称为“伊妹儿”。它是一种用电子手段提供信息交换的通信方式，是因特网应用最广的服务。通过电子邮件系统，用户可以用非常低廉的价格、非常快速的方式发送到世界上任何指定的目的地。这些电子邮件可以是文字、图像、声音等各种方式，它使人们的交流方式得到了极大的改变。

(4) 即时通信。即时通信比传统电子邮件所需的时间更短，而且比打电话更方便，无疑是网络时代最方便的通信方式。截至2016年12月，网民中即时通信用户规模达到6.66亿，占网民总体的91.1%。其中手机即时通信用户6.38亿，占手机网民的91.8%。目前我国流行的即时通软件主要有腾讯QQ、阿里旺旺、微信等，而国外主要使用Whatapp、Facebook Messager（美国）、line（韩国）、Viber（以色列）、Snapchat（美国）以及大名鼎鼎的Skype（美国，网络电话）等。

(5) 电子商务。电子商务是与网民生活密切相关的重要网络应用，通过网络支付、在线交易，卖家可以以很低的成本把商品卖到全世界，买家则可以以很低的价格买到自己心仪的商品。随着互联网的快速发展，中国的网民数量每年都以惊人的速度增长，电子商务在中国得以迅猛发展，再加上第三方支付平台，网络购物取得了快速的发展，网络购物成为当今社会的一种时尚。根据移动统计数据显示，2014 年中国网络购物用户数量已经超过 3.1 亿人。并且网络购物正从 PC 端向移动端渗透。预计未来几年，中国移动购物将继续保持高速增长态势。

2015 年“双 11”的 24 小时内，全网总销售额 1229.4 亿元，产生包裹数 6.8 亿个。这意味着每秒成交额高达 142 万元，当天每个中国人消费 88 元，而按照每个购物的包裹 0.5 米计算，包裹连起来在赤道绕地球 8 圈半。2016 年双 11 结束，阿里巴巴平台交易额达 1207 亿元，来自跨境电商的数据还显示，国人的“买买买”已至少延伸到 68 个国家，跨境电子商务购物（“海淘”）已成为更多人生活中的一部分。统计显示，美国是最受中国消费者喜爱的海淘地点，占比超过 20%，日本、德国、韩国占比则超过 10%。

3.2.5 互联网技术的创新发展

【问题】

1994 年 4 月中国首次实现与国际互联网的完全连接，到如今互联网时代的风起云涌，短短的二十多年，互联网已经如此大地改变了我们的生活方式。而现在互联网的发展趋势又有哪些？

3.2.5.1 “大智移云”的发展

“大智移云”是互联网产业的重要技术载体和推动力。以大数据、智能化、移动互联网和云计算为代表的新一代信息通信技术与经济社会各领域全面深度融合，催生了很多新产品、新业务、新模式，在整个产业链中的优势不断放大，未来市场潜力巨大。“大智移云”构成了互联网产业的主要技术体系，促进了生产方式、商业模式创新，为整个产业链条的技术支撑和全流程服务提供了理论依据和实践基础。

以大数据为例，通过数据的采集、存储、管理和分析，进而形成智能化决策和评价，应用于大数据相关的各个领域。基于大数据的发展，上游数据、中游产品、下游服务的产业体系正在形成。有资料显示，2016 年我国通信大数据市场规模达 342 亿元，较上年增长 163%，其中大数据基础设施占比 60.5%，市场规模达 207 亿元，大数据软件占比 29.5%，达 101 亿元，大数据应用占比 10%，达 34 亿元。

在智能化方面，车联网、智慧医疗、智能家居等物联网应用产生海量连接，远远超过人与人之间的通信需求。智能硬件底层传感技术需求持续增加，物联网成为万物互联的重要新兴技术，带来更加丰富的应用场景。

3.2.5.2 人工智能

2016 年 5 月，国家发展改革委、科技部、工业和信息化部、中央网信办发布《“互联网+”人工智能三年行动实施方案》，培育发展人工智能新兴产业、推进重点领域智能产品创新、提升终端产品智能化水平。人工智能不断突破新的极限，部署新的应用，带来新的变革。

Google 子公司 DeepMind 研发的基于深度强化学习网络的 AlphaGo，与人类顶尖围棋手李世石进行了一场“世纪对决”，最终赢得比赛，被认为是具有里程碑意义的事件。

2016 年，人工智能成为各大互联网巨头的必争之地，以百度、阿里巴巴、腾讯为代表的互联网企业把更多的人工智能技术应用到产品中，并组建专门的研究机构进一步加速技术的发展，通过发展人机交互、深度学习、自然语言理解、机器人等核心技术，全方位布局人工智能产业。根据相关分析机构的数字评估，2016 年中国人工智能市场规模达到 15 亿美元左右。

3.2.5.3 虚拟现实

虚拟现实的发展具有划时代的意义，让用户可以在普通电子设备上接收三维动态信息，进而深刻地改变认知世界的方式，提供场景重现的解决方案。通过提升内容体验与交互方式，并扩大资本支持与市场推广，虚拟现实技术正在向游戏、视频、零售、教育、医疗、旅游等领域延伸。

3.3 通信技术

通信技术，又称通信工程，是电子工程的重要分支。该技术研究的是通信过程中的信息传输和信号处理的原理和应用。通信工程研究的是以电磁波、声波或光波的形式把信息通过电脉冲，从发送端传输到一个或多个接收端。接收端是否能正确辨认信息，取决于传输中损耗功率的高低。信号处理是通信工程中一个重要环节，其包括过滤、编码和解码等。通信技术的发展为互联网的发展奠定了重要的基础。

3.3.1 人类最早的通信方式

【问题】

计算机互联网技术的发展离不开通信技术的发展，那什么是通信？人类最初是靠什么来传递信息的？

通信就是信息的传递，是指由一地向另一地进行信息的传输与交换，其目的是传输消息。可以说自从有了人类社会就开始了通信。人类历史上最早的通信和现在一样是“无线”的，如利用火光传递信息的烽火台、狼烟，它是使用视觉进行信息的传递。大家认为这是最早的传递信息的方式，事实上，在我国古代和非洲古代，击鼓传信是最早最方便的办法，非洲人用圆木特制的大鼓可传至三至四千米远的地方，再通过鼓声接力和专门的击鼓语言，可在很短的时间内把消息传递到 50 千米以外的另一个部落。在现代社会中，交警的指挥手语、航海中的旗语都是古老通信方式进一步发展的结果。这些信息的传递都是依靠人的视觉与听觉。

3.3.2 通信业的产生

【问题】

人类文明的进程中，通信的方式不断地改变，你知道驿站、蒸汽机对通信技术的发展有什么重要的意义吗？

驿邮是邮政通信最古老的形式之一。这种通信方式是人类通信发展上的一个伟大变革，通信行业诞生，又一个社会分工。邮政通信实际上是一种典型的分组交换方式。我国远在周代就建立了专门传递官府文书的驿站网络，并建立起一套较为完整的驿邮制度；秦代以来驿邮系统成为国家的行政机构，并沿用至今。蒸汽机的出现大大地促进了生产力的发展，同时也加快了通信技术的发展进程，特别是邮政通信，从而也大大地推动了文化的传播速度和文化交流的深度，推动了科技的发展。

3.3.3 通信技术的发展

3.3.3.1 通信技术进入电力时代

【问题】

19 世纪通信技术发展中的一次变革，让通信技术的发展进入了“电力时代”，你知道是什么吗？

在第二次工业革命期间，电话和电报的发明开启了人类通信的新纪元，实现了利用金属导线来传递信息。1837 年，美国人塞缪乐·莫乐斯成功地研制出世界上第一台电磁式电报机，实现了长途电报通信。莫乐斯的发明，把电报技术向前大大推进了一步。他用一套点、划符号代表字母和数字（即摩尔斯电码），并设计了一套线路，发报端是一个电键，该电键把以长短电流脉冲形式出现的电码传入导线，在接收端电流脉冲激励电报装置中的电磁铁，使笔尖在不断移动的纸带上记录下电码。经过不断改进，这套电报系统于 1844 年达到实用阶段，在巴尔的摩和华盛顿之间首次建立了电报联系。

电报一经出现，便立即引起了军界的关注。1854 年，英军第一次在战争中采用了电报。海底电报约于 1851 年开始用于多佛和加莱之间，然后发展到一方面用于伦敦和巴黎之间的远距离电报通讯，另一方面则用于协约国克里米亚的瓦诺基地。1857 年，在印度的独立战争中，设在加尔各答的政府和四处分散的英军之所以能保持联系，主要靠的是电报。1861~1865 年的美国南北战争，是第一次大规模使用电信技术的战争。战争期间，联邦政府架设了 2400 公里的电报线路，把北方部队同陆军部和陆军司令联系在一起，共发送了 650 万份电报。

3.3.3.2 通信技术进入有线时代

【问题】

人类通信史上另一个重大的发明是什么呢？

由于电报在收发时需要转译电码，人们嫌它迟缓不便，于是便进一步寻求更

便捷的通讯方式，电话也就应运而生。英国的胡克首先提出在远距离上传输语音的建议。大约在1860年，德国的赖斯第一次将一曲旋律用电发送了一段距离，他把这个装置称为“电话”，这个名称于是沿用下来。1876年，美国的贝尔终于发明了第一台电话机。

电话及此前发明的电报的运用，使军事通讯产生了革命性的变化。电报和电话的发明让通信技术进入了有线传输的时代。

3.3.3.3　通信技术进入无线时代

【问题】

你知道通信技术进入无线时代的历史发展过程吗？你知道目前我国通信技术的发展现状吗？

根据磁场理论，1897年马可尼建立无线电报公司，1899年首次实现英法无线通信，1916年实现短波无线电通信，1929年建立世界性无线通信网。无线电的发明开辟了通信技术的新纪元。从20世纪50年代发明半导体一直到60年代发明集成电路，计算机技术逐渐成熟，随着计算机的发展，数字通信得到大力发展，开辟了数字通信的时代。随着航天技术的发展，1963年第一次实现同步卫星通信，开辟了空间通信的时代。20世纪70年代发明光导纤维，光纤通信得到发展，开辟了光纤通信时代。随着各项技术的发展，无线通信进入快速发展的时代。

通信技术从问世，经过了从有线到无线，再到计算机数字通信、网络通信、通信卫星通信，是一个突破性的发展过程。我国北斗卫星系列的成功发射，通过将小卫星连接，逐步实现在地球上任何一个有卫星覆盖的地方，人们都能进行交流。移动通信技术从2G、3G直到目前广泛应用的4G技术，已经广泛应用到人们的生活当中，不久的将来，5G技术也即将投入应用，因此现代通信实现了人们更快更方便地沟通，不断提供更优质的服务。

思考与练习

一、填空题

（1）1946年世界上第一台电子计算机在____________研制成功。

（2）当今计算机技术正朝着________、________、________和________方向

发展。

(3) 网络技术是________与________相互结合的一种技术。

(4) ________年中国实现与互联网的全功能连接，成为接入国际互联网的第________个国家。

(5) 电子邮件又称为________标志为________，也被大家昵称为“伊妹儿”。它是一种用电子手段提供信息交换的通信方式。

二、判断题

(1) 第一代电子计算机的主要元件是电子管。(　　)

(2) 第三代电子计算机的名称是晶体管计算机。(　　)

(3) 腾讯 QQ、阿里旺旺、微信都是即时通信软件。(　　)

(4) 计算机发展巨型化是指计算机的体积越来越大。(　　)

(5) 1837 年，美国人塞缪乐·莫乐斯成功地研制出世界上第一台电磁式电报机，实现了长途电报通信。(　　)

三、简答题

(1) 互联网已经渗透到人们日常的学习、工作、生活、娱乐等各个方面，你知道互联网的典型应用有哪些？

____

____

____

____

____

(2) 目前，我国互联网创新技术的发展有哪些？

____

____

____

____

____

(3) 什么是通信技术？它主要研究什么？

____

____

____

____

____

4 机械加工技术

4.1 机械制造技术

【问题】

机械制造技术对生活有什么影响？

机械制造技术是人类在长期生产实践中发展起来的一门学科，它是加工技术经验的积累与结晶。如今，现代工业对机械制造业提出了越来越高的要求，传统的机械制造技术与精密检测、数控技术、传感技术有机结合，给机械制造领域带来了新概念、新技术、新产品。在我们的日常生活中，机械制造技术应用的实例比比皆是，例如在航空航天、农业生产等领域以及工艺品制造等。我国作为一个发展中的制造大国，机械制造水平的发展关系到民族的前途与命运。

4.1.1 制造业与机械制造技术

【问题】

机械制造业在国民经济中的地位与任务是什么？什么是制造技术？

机械制造是各种机械、机床、工具、仪表制造过程的总称。机械制造技术是研究这些机械产品的加工原理、工艺过程和方法以及相应设备的一门工程技术。机械制造业是国民经济的基础和支柱，是向其他各部门提供工具、仪器和各种机械设备的技术装备部。

机械制造业发展水平是衡量一个国家经济实力和科学技术水平的重要标志之一。我国机械工业的主要任务是为国民经济各个部门的发展提供所需的各类先进、高效、节能的新型机电装备，并努力提高质量，保证交货期，积极降低成本，将我国机械加工工业提高到新的水平。

随着全球制造业之间的竞争日趋激烈，以及全球经济一体化，市场向企业提出了更高的要求，企业要赢得竞争，就要以市场为中心、以用户为中心，要求企业快速及时为用户提供高品质、低价格、具有个性化的产品。要以最短的产品开发时间（Time）、最优的产品质量（Quality）、最低的价格和成本（Cost）、最佳的服务（Service）（简称TQCS），这样才能赢得用户和市场。

制造技术是使原材料变成产品的技术的总称，是国民经济得以发展，也是制造业本身赖以生存的关键基础技术。

【实践】

了解制造业与机械制造技术，观察我们生活中的日常用品，思考它们是由哪些原材料加工制造而成的。

【问题】

机械制造的组成和机械加工工艺系统分别是什么？

机械加工工艺系统是制造企业中处于最底层的一个个加工单元，往往由机床、刀具、夹具和工件四要素组成。现代加工工艺系统一般是由计算机控制的先进自动化加工系统，计算机已成为现代加工工艺系统中不可缺少的组成部分。

机械制造系统是将毛坯、刀具、夹具、量具和其他辅助物料作为原材料输入，经过存储、运输、加工、检验等环节，最后输出机械加工的成品或半成品的系统。

机械制造系统既可以是一台单独的加工设备，如各种机床、焊接机、数控线切割机，也可以是包括多台加工设备、工具和辅助系统（如搬运设备、工业机器人、自动检测机等）组成的工段或制造单元。一个传统的制造系统通常可以概括地分成三个组成部分：机床，工具，制造过程。

生产系统是物质流、能量流和信息流的集合，可分为三个阶段，即决策控制阶段、研究开发阶段和产品制造阶段。

4.1.2 机械制造学科的范畴与研究内容

【问题】

机械制造学科的范畴是什么？机械制造学科的研究内容是什么？

机械工程是一门有着悠久历史的学科，是国家建设和社会发展的支柱学科之一。机械制造是机械工程的一个分支学科，是一门研究各种机械制造过程和方法的科学。

机械的制造工艺过程通常可区分为热加工工艺过程（包括铸造、塑性加工、焊接、热处理、表面改性等）及冷加工工艺过程。

机械制造（冷加工）工艺过程一般是指零件的机械加工工艺过程和机器的装配工艺过程。零件的机械加工工艺过程是研究如何利用切削的原理使工件成形从而达到预定的设计要求（尺寸精度，形状、位置精度和表面质量要求）。

机器的装配工艺过程是研究如何将零件或部件进行配合和连接，使之成为半成品和成品，并达到要求的装配精度的工艺过程。

4.1.3 机械制造技术的发展

【问题】

机械制造技术的发展过程是什么？

机械制造业是一个历史悠久的产业，它自 18 世纪初工业革命形成以来，经历了一个漫长的发展过程。

随着现代科学技术的进步，特别是微电子技术和计算机技术的发展，机械制造这个传统工业又焕发了新的活力，增加了新的内涵，使机械制造业无论在加工自动化方面，还是在生产组织、制造精度、制造工艺方法方面都发生了令人瞩目的变化。这就是现代制造技术。现代制造技术更加重视技术与管理的结合，重视制造过程的组织和管理体制的精简及合理化，从而产生了一系列技术与管理相结合的新生产方式。

近年来，新材料不断出现，材料的品种猛增，其强度、硬度、耐热性等不断提高。新材料的迅猛发展对机械加工提出新的挑战，这一方面迫使普通机械加工方法要改变刀具材料、改进所用设备；另一方面对于高强度材料、特硬、特脆和其他特殊性能材料的加工，要求应用更多的物理、化学、材料科学的知识来开发新的制造技术。由此出现了很多特种加工方法，如电火花加工、电解加工、超声波加工等。这些加工方法，突破了传统的金属切削方式加工、离子束加工以及激光加工等方法，使机械制造工业出现了新的面貌。

近年来，我国大力推进先进制造技术的发展与应用，已得到社会的共识，先进制造技术已被列为国家重点科技发展领域，并将企业实施技术改造列为重点，寻求新的制造策略，建立新的包括市场需求、设计、车间制造和分销集成在一起的先进制造系统。该系统集成了计算机辅助设计、计算机辅助制造、计算机辅助工艺设计、计算机辅助工程、计算机辅助质量管理、企业资源计划、物料搬运等单元技术，将这些技术单元集成即为计算机集成制造系统。

4.2 数控加工技术

【问题】

数控加工技术的应用有哪些呢？

自从第一台数控铣床诞生后，数控加工技术在全世界各国得到迅速发展，对现代机械制造加工技术的发展起到重大推动作用。数控加工技术不仅涉及数控加工设备，还涉及数控加工工艺、工装和加工过程的自动控制等。

在目前生产中，数控加工设备的种类很多，不仅有数控车床、数控铣床、数控磨床、数控冲床、电加工机床、车铣加工中心、镗铣加工中心、齿轮加工中心，还有各种柔性制造单元等。从数控系统控制的轴数上看，不仅有简单的二轴控制、三轴控制、四轴控制、五轴控制，高档数控系统已经可以控制在几十个轴以上的运动状态。

数控加工技术的广泛应用突显在航空航天技术、汽车制造、模具制造、轮船制造、电子制造等各个制造行业中，和我们日常工作、生活密切相关。

4.2.1 数控加工编程的基本概念

【问题】

数控编程的定义和编程的方法是什么？

4.2.1.1 数控编程

数控编程就是把零件的工艺过程、工艺参数、机床的运动以及刀具位移量等信息用数控语言记录在程序单上，并经校核的全过程。为了与数控系统的内部程序（系统软件）及自动编程用的零件源程序相区别，把从外部输入的直接用于加工的程序称为数控加工程序，简称为数控程序。

数控机床所使用的程序是按照一定的格式并以代码的形式编制的。数控系统的种类繁多，它们使用的数控程序的语言规则和格式也不尽相同，编制程序时应该严格按照机床编程手册中的规定进行。编制程序时，编程人员应对图样规定的技术要求、零件的几何形状、尺寸精度要求等内容进行分析，确定加工方法和加工路线；进行数学计算，获得刀具轨迹数据；然后按数控机床规定的代码和程序格式，将被加工工件的尺寸、刀具运动中心轨迹、切削参数以及辅助功能（如换刀、主轴正反转、切削液开关等）信息编制成加工程序，并输入数控系统，由数控系统控制机床自动地进行加工。理想的数控程序不仅应该保证能加工出符合图纸要求的合格工件，还应该使数控机床的功能得到合理的应用与充分的发挥，以使数控机床能安全、可靠、高效地工作。

4.2.1.2 数控加工程序编制的方法

数控编程大体经过了机器语言编程、高级语言编程、代码格式编程和人机对话编程与动态仿真几个阶段。在20世纪70年代，美国电子工业协会（EIA）和国际标准化组织（ISO）先后对数控机床坐标轴和运动方向、数控程序编程的代码、字符和程序段格式等制定了若干标准和规范（我国按照ISO标准也制定了相应的国家标准和颁布标准），从而出现了用代码和标示符号，按照严格的格式书写的数控加工源程序——代码格式编程程序。这种编写源程序技术的重大进步，意义极为深远。在这种编程方式出现后，凡是数控系统不论档次高低，均具有编程功能。因为编程过程大为简化，机床操作者只需查阅系统说明书就可以操作，从而使数控机床走向大范围、广领域的应用。

数控加工程序编制方法主要分为手工编程与自动编程两种。

（1）手工编程是指从零件图纸分析、工艺处理、数值计算、编写程序单，直到程序校核等各步骤的数控编程工作均由人工完成的全过程。手工编程适合于编写进行点位加工或几何形状不太复杂的零件的加工程序，以及程序坐标计算较为简单、程序段不多、程序编制易于实现的场合。这种方法比较简单，容易掌握，适应性较强。手工编程方法是编制加工程序的基础，也是机床现场加工调试的主要方法，对机床操作人员来讲是必须掌握的基本功，其重要性是不容忽视的。

（2）自动编程是指在计算机及相应的软件系统的支持下，自动生成数控加工程序的过程。它充分发挥了计算机快速运算和存储的功能。其特点是采用简单、习惯的语言对加工对象的几何形状、加工工艺、切削参数及辅助信息等内容按规则进行描述，再由计算机自动地进行数值计算、刀具中心运动轨迹计算、后置处理，生成零件加工程序单，并且对加工过程进行模拟。对于形状复杂，具有非圆曲线轮廓、三维曲面等零件编写加工程序，采用自动编程方法效率高，可靠性好。在编程过程中，程序编制人可及时检查程序是否正确，需要时可及时修改。由于使用计算机代替编程人员完成了繁琐的数值计算工作，并省去了书写程序单等工作量，因而编程效率提高了几十倍乃至上百倍，解决了手工编程无法解决的许多复杂零件的编程难题。

4.2.2　数控编程的步骤

【问题】

数控编程的具体步骤是什么？

数控编程的主要内容有：分析零件图样确定工艺过程、数值计算、编写加工程序、校对程序及首件试切。

（1）分析图样、确定工艺过程。在数控机床上加工零件，工艺人员拿到的原始资料是零件图。根据零件图，可以对零件的形状、尺寸精度、表面粗糙度、工件材料、毛坯种类和热处理状况等进行分析，然后选择机床、刀具，确定定位夹紧装置、加工方法、加工顺序及切削用量的大小。在确定工艺过程中，应充分考虑所用数控机床的指令功能，充分发挥机床的效能，做到加工路线合理、走刀次数少和加工工时短等。此外，还应填写有关的工艺技术文件，如数控加工工序卡片、数控刀具卡片、走刀路线图等。

(2) 计算刀具轨迹的坐标值。根据零件图的几何尺寸及设定的编程坐标系，计算出刀具中心的运动轨迹，得到全部刀位数据。一般数控系统具有直线插补和圆弧插补的功能，对于形状比较简单的平面形零件（如直线和圆弧组成的零件）的轮廓加工，只需要计算出几何元素的起点、终点、圆弧的圆心（或圆弧的半径）、两几何元素的交点或切点的坐标值。如果数控系统无刀具补偿功能，则要计算刀具中心的运动轨迹坐标值。对于形状复杂的零件（如由非圆曲线、曲面组成的零件），需要用直线段（或圆弧段）逼近实际的曲线或曲面，根据所要求的加工精度计算出其节点的坐标值。

(3) 编写零件加工程序。根据加工路线计算出刀具运动轨迹数据和已确定的工艺参数及辅助动作，编程人员可以按照所用数控系统规定的功能指令及程序段格式，逐段编写出零件的加工程序。编写时应注意：

1）注意程序书写的规范性，应便于表达和交流。

2）在对所用数控机床的性能与指令充分熟悉的基础上，合理运用各指令使用的技巧、程序段编写的技巧。

(4) 将程序输入数控机床。将加工程序输入数控机床的方式有光电阅读机、键盘、磁盘、磁带、存储卡、连接上级计算机的 DNC 接口及网络等。目前常用的方法是通过键盘直接将加工程序输入（MDI 方式）到数控机床程序存储器中，或通过计算机与数控系统的通讯接口，将加工程序传送到数控机床的程序存储器中，由机床操作者根据零件加工需要进行调用。现在一些新型数控机床已经配置大容量存储卡存储加工程序，当做数控机床程序存储器使用，因此数控程序可以事先存入存储卡中。

(5) 程序校验与首件试切。数控程序必须经过校验和试切才能正式加工。在有图形模拟功能的数控机床上，可以进行图形模拟加工，检查刀具轨迹的正确性，对无此功能的数控机床可进行空运行检验。但这些方法只能检验出刀具运动轨迹是否正确，不能查出对刀误差、由于刀具调整不当或因某些计算误差引起的加工误差及零件的加工精度，所以有必要经过零件加工的首件试切的这一重要步骤。当发现有加工误差或不符合图纸要求时，应分析误差产生的原因，以便修改加工程序或采取刀具尺寸补偿等措施，直到加工出合乎图样要求的零件为止。随着数控加工技术的发展，可采用先进的数控加工仿真方法对数控加工程序进行校核。

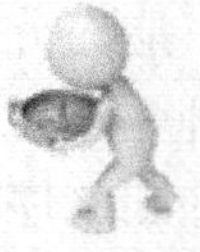

【实践】

参观实习生产车间，了解并实践编程的过程和步骤，形成生产性报告。

4.3　计算机辅助设计与制造

4.3.1　CAD/CAM 的概念与系统组成

4.3.1.1　CAD/CAM 的概念

【问题】

CAD/CAM 的概念是什么？

计算机的出现和发展，实现了将人类从脑力劳动解放出来的愿望。早在三四十年前，计算机就已作为重要的工具，辅助人类承担一些单调、重复的劳动，如辅助数控编程、工程图样绘制等。在此基础上逐渐出现了计算机辅助设计（CAD）、计算机辅助工艺过程设计（CAPP）及计算机辅助制造（CAM）等概念。

（1）计算机辅助设计。计算机辅助设计是指工程技术人员以计算机为辅助工具来完成产品设计过程中的各项工作，如草图绘制、零件设计、装配设计、工程分析等，并达到提高产品设计质量、缩短产品开发周期、降低产品成本的目的。

（2）计算机辅助工艺过程设计（CAPP）。计算机辅助工艺过程设计是指工艺人员借助于计算机，根据产品设计阶段给出的信息和产品制造工艺要求，交互地或自动地确定产品加工方法和方案，如加工方法选择、工艺路线确定、工序设计等。

（3）计算机辅助制造（CAM）。计算机辅助制造有广义和狭义两种定义。广义 CAM 是指借助计算机来完成从生产准备到产品制造出来过程中的各项活动，包括工艺过程设计（CAPP）、工装设计、计算机辅助数控加工编程、生产作业计划、制造过程控制、质量检测与分析等。狭义 CAM 通常是指 NC 程序编制，包括刀具路径规划、刀位文件生成、刀具轨迹仿真及 NC 代码生成等。

4.3.1.2　CAD/CAM 系统的组成

【问题】

CAD/CAM 系统的基本组成有哪些？

系统，是指为完成特定任务而由相关部件或要素组成的有机的整体。一个完整的 CAD/CAM 系统必须具备硬件系统和软件系统。

一个 CAD/CAM 系统是由计算机、外围设备及附加生产设备等硬件和控制这些硬件运行的指令、程序及文档即软件组成，通常包含若干功能模块。如图 4-1 所示。

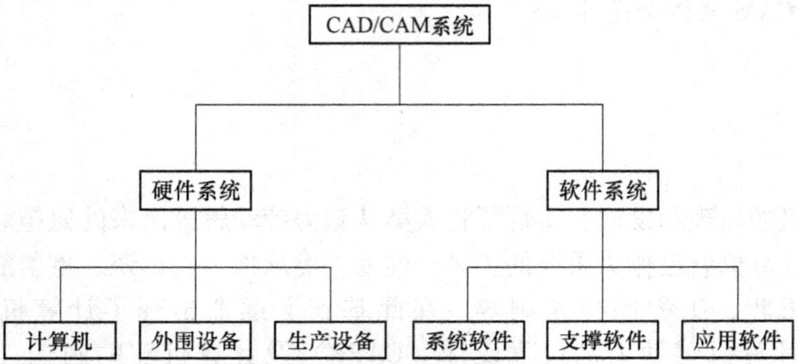

图 4-1　CAD/CAM 系统的组成

4.3.2　CAD/CAM 的软件系统

【问题】

CAD/CAM 的软件系统主要内容有哪些？

支撑软件是在系统软件基础上开发出来的、满足 CAD 用户一些需要的通用软件或工具软件，是 CAD/CAM 系统的核心。

（1）几何建模软件。该类软件是一个可以提供完整、准确的描述和显示三维几何造型的工具，具有消隐、着色、浓淡处理、实体参数计算、质量特性计算等功能。如 Pro-E、UG 等。

（2）计算机辅助工程软件。该类软件是集几何建模、三维绘图、有限元分析、产品装配、公差分析、机构运动学、NC 自动编程等功能分析系统为一体的集成软件系统，由数据库进行统一的数据管理，使各分系统全关联，支持并行工程并提供产品数据管理功能，信息描述完整，协助用户完成大部分工作。

(3) 绘图软件。该类软件具有基本图形元素（点、线、图）绘制、图形变换（缩放、平移、旋转等）、编辑（增、删、改等）、存储、显示控制以及人机交互、输入/输出设计驱动等功能。

4.3.3　CAD/CAM 的重要性

【问题】

为什么要应用 CAD/CAM?

我国 CAD/CAM 技术的应用起步于 20 世纪 60 年代，经过几十年的开发与推广，该技术已经广泛应用于机械、航天、化工、建筑等行业，大大提高了技术工人的工作效率，减轻了他们的劳动强度。

据统计，机械制造领域的设计工作有 56%属于适应性设计，20%属于参数化设计，只有 24%属于创新设计。某些标准化程度高的领域，参数化设计达到 50%左右。上述数据说明，工程技术人员的大部分时间和精力是消耗在重复性工作或局部小修小改之中了，不可能有充沛精力去从事创造性劳动，也不会有足够的时间去学习掌握新知识和新技能，久而久之，人的创造性思维能力也会随着日复一日、年复一年的重复、繁琐的劳动而萎缩。尤其在市场竞争激烈的条件下，很难适应发展的需要。因此，将设计方法及设计手段科学化、系统化、现代化，实现 CAD 是非常必要的。

编制工艺规程是设计、制造过程中生产技术准备工作的重要环节，过去一直是工艺人员手工完成，不仅效率低，而且依附于人的技能和经验，很难获得最佳方案。同时，与产品设计一样，也存在着繁琐而重复的密集型劳动束缚工艺人员、难以从事创造性开拓工作的问题。因此，迫切需要 CAPP 技术。

再考察制造阶段的生产状况。从机械制造行业来看，50 件以下的小批量生产约占 75%。据统计，一个零件在车间的平均停留时间中，只有 5%的时间是在机床上，而在这个 5%的时间中，又只有 30%的时间用于切削加工。由此可见，零件在机床上的切削时间只占零件在车间停留时间的 1.5%。要提高零件的加工效率、改善经济性，就要减少零件在车间的流通时间和在机床上装卸、调整、测量、等待切削的时间，而做到这一点必须综合考虑生产的管理、调度、零件的传送和装卸方法等多方面因素。这需要通过计算机辅助人们做全面安排，控制加工过程。

【知识拓展】

数据库系统软件：能够支持各子系统中的数据传递与共享，其中工程数据库是CAD/CAM系统和CIMS系统中的重要组成部分。如INGRES、PB、ORACLE、SYBASE、FOXPRO等都是数据库系统软件。

有限元分析软件：可以进行静态、动态、热特性分析，通常包括前置处理、计算分析及后置处理三部分。如SAP、ANSYS等都是有限元分析软件。

优化方法软件：将优化技术用于工程设计，综合多种优化计算方法，为选择最优方案、取得最优解、求解数学模型提供强有力的数学工具软件。

系统运动学/动力学模拟仿真软件：在产品设计时，实时、并行地模拟产品生产或各部分进行的全过程，以预测产品的性能、产品的制造过程和产品的可制造性。如ADAMS是机械系统动力学自动分析软件。

思考与练习

一、填空题

(1) 制造技术是使________变成________的技术的总称。

(2) 机械制造业发展水平是衡量一个国家________和________重要标志之一。

(3) 生产系统是物质流、能量流和信息流的集合，可分为三个阶段，即________、________和产品制造阶段。

(4) 数控加工程序编制方法主要分为________与________两种。

二、判断题

(1) 机械加工工艺系统是制造企业中处于最顶层的一个个加工单元，往往由机床、夹具和工件三要素组成。(　　)

(2) 在数控机床上加工零件，工艺人员拿到的原始资料是草图。(　　)

(3) 数控程序必须经过校验和试切才能正式加工。(　　)

(4) 计算机辅助制造有广义和狭义两种定义。(　　)

三、简答题

(1) 什么是机械制造？

____

____

____

（2）什么是机械制造（冷加工）工艺过程？

（3）什么是数控编程？

（4）程序的编制具体步骤是什么？

（5）什么是计算机辅助设计？

5 机电一体化技术

5.1 机电一体化技术概述

机电一体化一般包含机电一体化技术和机电一体化产品（系统）两层含义。

机电一体化技术，是从系统的观点出发，将机械技术、微电子技术、信息技术、控制技术等在系统工程基础上有机地加以综合，以实现整个系统最佳化的一门新科学技术。

机电一体化产品，是指新型机械与微电子器件，特别是微处理器、微型机相结合而开发出来的新一代电子机械产品。

5.1.1 机电一体化技术的概念

【问题】

什么是机电一体化技术？

机电一体化技术被认为是在不远的将来会产生巨大影响的十种新兴技术之一。

机电一体化技术（mecha tronics）20 世纪 70 年代起源于日本，它取自英语 mechanics（机械学）的前半部和 electronics（电子学）的后半部分，拼成一个新词。美国机械工程师学会定义其为（ASME）由计算机信息网络协调与控制的用于完成包括机械力、运动和能量流等动力学任务的机械和（或）机电部件相互联系的系统。

机电一体化不是机械与电子简单的叠加，而是在信息论、控制论和系统论的基础上建立起来的应用技术。

典型的机电一体化产品（系统）有数控机床、机器人、汽车电子化产品、智能化仪器仪表、电子排版印刷系统、CAD/CAM 系统等。常用的机电一体化产品有数控铣床、焊接机器人、汽车防抱死系统（ABS）等。

5.1.2　机电一体化技术的发展

【问题】

机电一体化技术的发展过程是怎样的？

二十世纪五六十年代，工程师们自觉或者不自觉地把机械产品和电子技术相结合，以提高机械产品的性能。但是由于当时电子技术的发展相对落后，机械与电子的结合还没有得到广泛的应用。

（1）20世纪60年代前为第一阶段，“萌芽阶段”。

（2）20世纪70年代到80年代为第二阶段，“蓬勃发展阶段”。这个时期，计算机技术、控制技术、通信技术的发展，为机电一体化的发展奠定了技术基础。这个时期的特点是：

1）机电一体化一词首先在日本被普遍接受，大约到20世纪80年代末期在世界范围内得到比较广泛的承认。

2）机电一体化技术和产品得到了极大发展。

3）各国均开始对机电一体化技术和产品给以很大的关注和支持。

（3）20世纪90年代后期为第三阶段，“智能化阶段”。这个时期的特点是：

1）光学、通信技术等进入了机电一体化，微细加工技术也在机电一体化中崭露头角，出现了光机电一体化和微机电一体化等新分支。

2）对机电一体化系统的建模设计、分析和集成方法，机电一体化的学科体系和发展趋势都进行了深入研究。

3）由于人工智能技术、神经网络技术及光纤技术等领域取得的巨大进步，为机电一体化技术开辟了发展的广阔天地。这些研究，将促使机电一体化进一步建立完整的基础和逐渐形成完整的科学体系。

现今，机电技术总的发展趋势是：

（1）性能上，向高精度、高效率、智能化的方向发展，以数控机床为例，控制精度0.1微米，进给速度每分钟100米以上，联动轴数15轴以上，界面、通讯等长足发展。

（2）功能上，向小型化、轻型化、多功能化方向发展。

（3）层次上，向系统化、复合集成化方向发展。

可将其总结为“六化”：智能化、模块化、网络化、微型化、绿色化、人性化。

5.1.3 机电一体化系统的结构组成

【问题】

机电一体化的基本组成有哪些要素？

机电一体化系统一般包括七个基本结构要素：机械本体、执行元件、驱动部分、检测部分、能源部分（动力部分）、信息处理及控制单元，如图 5-1 所示。

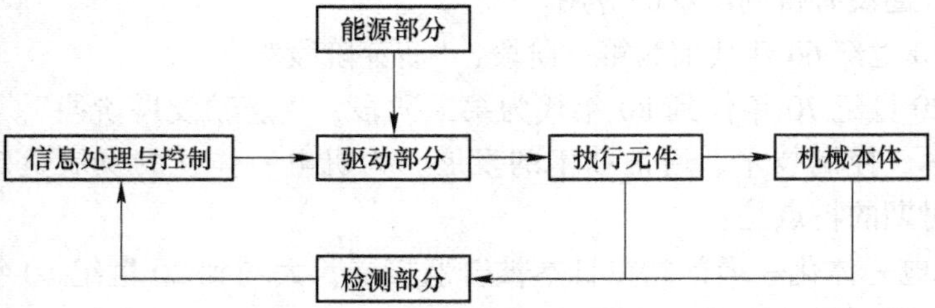

图 5-1 机电一体化系统的结构组成

（1）机械本体。机械本体含机械传动装置和机械结构装置，起传递功率支承连接、执行等作用。机械系统包括传动机构、导向机构和执行机构。

1）传动机构。其在机电一体化中的主要功能是传递转矩和转速，对伺服系统的伺服特性有很大影响。

2）导向机构。该机构的作用是支承和限制运动部件按给定的运动要求和规定的运动方向运动。该机构应能保证安全准确。

3）执行机构。它是用来完成操作任务的。执行机构根据操作指令的要求在动力源的带动下完成预定的操作，一般要求它具有较高的灵敏度、精确度、良好的重复性和可靠性等。

（2）能源部分。能源部分又称动力单元，它的主要功能是按照机电一体化系统的控制要求，为系统提供能量和动力以保证系统正常运行。

（3）检测部分。检测部分对系统运行过程中所需要的本身和外界环境的各种参数及状态进行检测，并将检测结果转换成可识别信号，传输到控制信息处理单元，经过分析、处理产生相应的控制信息。

（4）执行和驱动单元。执行和驱动单元是在控制信息作用下，驱动各种执行机构完成各种动作和功能的单元。常见执行和驱动单元有机械、电磁、电液执行机构和步进电机、交直流伺服电机驱动系统。

(5) 信息处理与控制单元。该单元是机电一体化系统的核心单元，其主要功能是将来自检测部分的信息和外部输入命令进行集中、存储、分析、加工，根据信息处理结果，按照一定的程序发出相应的控制信号，通过输出接口送往执行机构，控制整个系统有目的地运行，并达到预期的性能。

在机电一体化系统中的这些单元和它们内部各环节之间都遵循接口耦合、运动传递、信息控制、能量转换的原则，称为四大原则。

5.1.4　机电一体化系统的技术组成

【问题】

机电一体化系统的技术组成主要有哪些?

5.1.4.1　机械技术

机械技术是机电一体化的基础。机电一体化产品中的主功能和构造功能，往往是以机械技术为主实现的。特别是关键部件，如导轨、滚珠丝杠、轴承、传动部件等材料、精度对机电一体化产品的性能、控制精度等多方向的要求，对实现机电一体化产品的主功能和构造功能的影响，如系统的结构、重量、体积、刚性、可靠性等。

5.1.4.2　计算机与信息处理技术

信息处理技术包括信息的输入、识别、变换、运算、存储及输出技术，它们大都是依靠计算机来进行的，因此计算机技术与信息处理技术是密切相关的。信息处理技术包括信息的交换、存取、运算、判断和决策等，实现信息处理的主要工具是计算机。计算机技术包括计算机硬件技术和软件技术、网络与通信技术、数据库技术等。其主要工具是计算机。

5.1.4.3　自动控制技术

自动控制技术就是通过控制器使被控对象或过程自动地按照预定的规律运行。自动控制技术范围很广，包括自动控制理论、控制系统设计、系统仿真、现场调试、可靠运行等从理论到实践的整个过程。由于被控对象种类繁多，因此控制技术的内容极其丰富，包括高精度定位控制、速度控制、自适应控制、自诊断、校正、补偿、示教再现、检索等控制技术。

5.1.4.4　传感与检测技术

传感与检测技术的研究对象是传感器及其信号检测传输装置（即变送器）。检测传感技术是机电一体化的关键技术，它将所测得的各种参量如位移、位置、速度、加速度、力、温度和其他形式的信号等转换为统一规格的电信号输入到信息处理系统中，并由此产生出相应的控制信号以决定执行机构的运动形式和动作幅度。传感器检测的精度、灵敏度和可靠性将直接影响机电一体化的性能，要求能快速、精确地获得信息并在相应的应用环境中具有高可靠性。

5.1.4.5　伺服驱动技术

伺服驱动技术的研究对象是执行元件及其驱动装置。它的执行元件包括电动、液压、气压等种类。驱动装置指各种电动机的驱动电源电路，目前多采用电力电子器件及集成化的功能电路构成。

5.1.4.6　系统总体技术

系统总体技术是一种从整体目标出发，用系统工程的观点和方法，将系统总体分解成相互有机联系的若干功能单元，并以功能单元为子系统继续分解，直至找到可实现的技术方案，然后再将系统各个功能模块有机地结合起来，以实现整体最优。其重要内容为接口技术，接口包括电气接口、机械接口和人机接口。

机电一体化通过综合利用现代高新技术的优势，在提高精度、增强功能、改善操作性和使用性、提高生产率和降低成本、节约能源和降低消耗、减轻劳动强度和改善劳动条件、提高安全性和可靠性、简化结构和减轻重量、增强柔性和智能化程度、降低价格等诸多方面都取得了显著的技术经济效益和社会效益，促使社会和科学技术又向前大大迈进了一步。

【实践】

参观机电一体化实习车间，了解相关知识，提交一篇参观报告。

5.2　低压、高压电器

5.2.1　低压电器和高压电器的概念

【问题】

什么是低压电器？

控制电器按其工作电压的高低，以交流1000伏、直流1500伏为界，可划分为高压控制电器和低压控制电器两大类。低压电器是一种能根据外界的信号和要求，手动或自动地接通、断开电路，以实现对电路或非电对象的切换、控制、保护、检测、变换和调节的元件或设备。总的来说，低压电器可以分为配电电器和控制电器两大类，是成套电气设备的基本组成元件。在工业、农业、交通、国防以及各种电部门中，大多数采用低压供电，低压电器元件的质量将直接影响到低压供电系统的可靠性。

【问题】

什么是高压电器？

高压电器是在高压线路中用来实现关合、开断、保护、控制、调节、量测的设备。一般的高压电器包括开关电器、量测电器和限流、限压电器。

5.2.2 低压电器标准及功能

【问题】

低压电器的标准和功能是什么？

5.2.2.1 低压电器的标准

低压电器产品标准的内容通常包括产品的用途、适用范围、环境条件、技术性能要求、试验项目和方法、包装运输的要求等，它是制造厂和用户验收的依据。按标准内容性质可分为基础标准、专业标准和产品标准三大类。按批准标准内容性质的级别可分为国家标准、部标准和局批企业标准三级。

5.2.2.2 低压电器的功能

几种低压电器的功能如下：

(1) 低压刀开关。其主要功能是无负荷操作，作隔离开关使用。

(2) 低压刀熔开关和负荷开关。低压刀熔开关具有刀开关和熔断器的双重功能；负荷开关的主要功能是能有效地通断负荷电流，能进行短路保护。

(3) 低压断路器。其主要功能是既能带负荷通断电路，又能在短路、过负荷和失压时自动跳闸。

低压断电器是低压电力系统中的主要电器设备之一。低压断路器可在正常负荷下接通或断开电路，当电路中发生短路故障或过载时，低压断路器可自动掉闸电路起到保护气线路和电气设备的作用，并可防止事故范围扩大。低压断路器可在低压配电装置中做总开关和支路开关，也可用于电动机不频繁的启动控制。

5.2.3 高压电器的定义及分类

高压电器按结构形式分为单极式和三极式；按使用场所分为户内式和户外式；按用途和功能又分为开关电器、限制电器、变换电器和组合电器。高压电器的类型丰富，这里我们只介绍最为常见的一种高压开关电器——断路器。

【问题】

什么是断路器，它是如何分类的？

断路器是高压开关中最重要和结构比较复杂的一种。断路器按照灭弧原理不同，可分为油断路器、气吹断路器和真空断路器等。气吹断路器又可分为空气断路器和六氟化硫断路器，气吹断路器采用气体灭弧，所以不存在变压器油的火灾危险性。下面介绍几种常用的断路器。

5.2.3.1 空气断路器

空气断路器是利用高压空气灭弧的一种断路器，压缩空气压力可分为1.0兆帕、2.0兆帕、2.5兆帕等，造价为油断路器的1.5~2倍，而且要有压缩空气设备。所以，空气断路器主要用于电压较高和技术性能要求较高的地方。

5.2.3.2 六氟化硫断路器

六氟化硫断路器运用六氟化硫气体灭弧。六氟化硫为惰性气体，其灭弧能力比空气高几十倍，但要求断路器的结构严密不漏，并需使用SF_6的各种设备。

5.2.3.3 真空断路器

真空断路器的静触头和动触头均放置在真空的玻璃泡中，因而熄弧快，触头不致氧化，适合于频繁操作，也没有变压器油的火灾危险性。但由于真空度要求为10^{-4}毫米汞柱（1毫米汞柱=133.322帕）以上，所以密封比较困难，主要用于操作频繁的配电系统上。

真空断路器具有结构紧凑、体积小、质量轻、寿命长、维护量小、防燃、防爆和适于频繁操作等优点，目前在中压开关特别是10千伏户内产品中占绝对优势。国内真空断路器产品的机械寿命和可靠性还比较低，且还存在型号繁杂，生产企业众多，生产水平参差不齐，不少厂家规模过小、装备水平低、管理不善、产品质量分散性大、不够稳定等问题。

5.3　工业机器人

机器人技术作为20世纪伟大的发明之一，自20世纪60年代初问世以来，经历了近50年的发展，取得了显著成果。走向成熟的工业机器人，各种用途的特种机器人的实用化，昭示着机器人技术灿烂的明天。

5.3.1　机器人的基本概念

【问题】

机器人的定义是什么？

在科技界，科学家会给每一个科技术语一个明确的定义。但机器人的定义仍然仁者见仁，智者见智，没有一个统一的意见。原因之一是机器人还在发展，新的机型、新的功能不断涌现，领域不断扩展。但根本原因主要是因为机器人涉及人的概念，成为一个难以回答的哲学问题。就像机器人一词最早诞生于科幻小说之中一样，人们对机器人充满了幻想。也许正是由于机器人定义的模糊，人们才有了充分的想象和创造空间。

其实并不是人们不想给机器人一个完整的定义，自机器人诞生之日起人们就不断地尝试着说明到底什么是机器人。但随着机器人技术的飞速发展和信息时代的到来，机器人所涵盖的内容越来越丰富，机器人的定义也不断充实和创新。

5.3.2　机器人的系统组成与分类

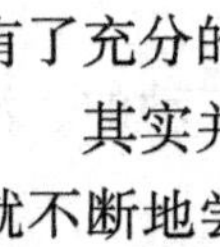

【问题】

人类早期对机器人组成部分的设想有哪些？现今，机器人的组成和分类是怎样的？

1886年法国作家利尔亚当在他的小说《未来夏娃》中将外表像人的机器起名为“安德罗丁”，它由4部分组成：

（1）生命系统（可以平衡、步行、发声、身体摆动、感觉、表情、调节运动等）。

（2）造型材料（关节能自由运动的金属覆盖体，一种盔甲）。

（3）人造肌肉（在上述盔甲上有肉体、静脉、性别等身体的各种形态）。

（4）人造皮肤（含有肤色、机理、轮廓、头发、视觉、牙齿、手爪等）。

为了防止机器人伤害人类，科幻作家阿西莫夫于1940年提出了“机器人三原则”：

（1）机器人不应伤害人类。

（2）机器人应遵守人类的命令，与第一条违背的命令除外。

（3）机器人应能保护自己，与第一条相抵触者除外。

这是给机器人赋予的伦理性纲领。学术界一直将这三原则作为机器人开发的准则。

国际标准化组织（ISO）的定义是“机器人是一种自动的、位置可控的、具有编程能力的多功能机械手，这种机械手具有几个轴，能够借助于可编程序操作来处理各种材料、零件、工具和专用装置，以执行种种任务”。

现今，我们使用的大多数机器人都由机械部分、驱动源、传感器、控制器四个主要部件组成。

（1）机械部分是由关节连在一起的许多机械连杆的集合体而形成的开环运动学链系。

（2）驱动源是使各种机械部件产生运动的装置，驱动源可以是气动的、液压的或电动的。

（3）传感器是将有关机械部件的内部信息和外部信息传递给机器人的控制器。

（4）控制器通过获取的信息确定机械部件各部分的正确运行轨迹、速度、位置和外部环境，使机械部件的各部分按预定程序在规定的时间开始和结束动作。

机器人按照不同的分类方法可以做出以下分类：

（1）按机器人的控制方式可分为非伺服机器人和伺服控制机器人。

1）非伺服机器人。非伺服机器人按照预先编好的程序顺序进行工作，使用限位开关、制动器、插销板和定序器来控制机器人的运动。

2）伺服控制机器人。伺服控制机器人通过传感器取得的反馈信号与来自给定装置的信号比较后，得到误差信号，经过放大后用以激发机器人的驱动装置，进而带动手部执行装置以一定规律运动，到达规定的位置或速度等，是一个反馈控制系统。

（2）按机器人结构坐标系特点方式分类。机器人都有自己的结构和不同坐标系，按照结构坐标系的特点可以分为直角坐标型、圆柱坐标型、极坐标型和多关节型，如图 5-2 所示。

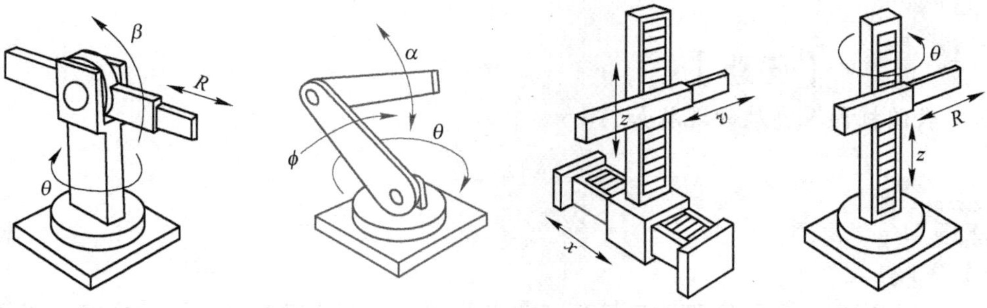

(a)　(b)　(c)　(d)

图 5-2　机器人结构坐标类型

（a）直角坐标型；（b）圆柱坐标型；（c）极坐标型；（d）多关节型

5.3.3　机器人对人类生活的影响

【问题】

工业机器人给人类生产生活带来了怎样的影响？

那些在工业生产中大规模应用的机器人，被称为工业机器人。在世界各地的工厂里我们都能看到它们的身影，它们是分布最广泛的一类机器人。可能有一个事实我们觉得很难以相信，在许多工厂当中，相比于人类，机器人更能干也更受欢迎，自从有了机器人，工厂工人们的失业率有所增加。1961 年，世界上第一台工业机器人投入使用，它是由工程师乔治·德沃尔和约瑟夫·恩格博格设计的，这是一台比较简单的机器人，它的电子大脑是很简单的，它只能简单地拿起和放下一些小物品，不过当时这已经是一个伟大的成就了。在 1961 年的时候，它被通用汽车公司买去负责放热金属零件。虽然机器人在很多人眼里不受欢迎，但这台机器人却没有遭遇这样的命运，它使工人们终于能从不想做的工作中解放出来，它是一种非常能干的机器人，如果你向他下达了一个足够准确的命令，它就可以准确完成任务。而且它不像人有着各种各样的要求，它完全听从你的指令。它们的精力也比人类旺盛得多，它们可以持续工作，也能够“以身犯险”。

5.3.4 我国机器人的发展

5.3.4.1 我国机器人的发展现状

【问题】

我国机器人发展的现状如何?

有人认为，应用机器人只是为了节省劳动力，而我国劳动力资源丰富，发展机器人不一定符合我国国情。其实这是一种误解，在我国，社会主义制度的优越性决定了机器人能够充分发挥其长处，它不仅能为我国的经济建设带来高度的生产力和巨大的经济效益，而且将为我国的宇宙开发、海洋开发、核能利用等新兴领域的发展做出卓越的贡献。

我国机器人学研究起步较晚，但进步较快，已经在工业机器人、特种机器人和智能机器人各个方面取得了明显的成就，为我国机器人学的发展打下了坚实的基础。

我国工业机器人起步于20世纪70年代初，大致可分为3个阶段：70年代的萌芽期、80年代的开发期、90年代的实用化期。

我国于1972年开始研制工业机器人，数十家研究单位和院校分别开发了固定程序、组合式、液压伺服型通用机器人，并开始了机构学、计算机控制和应用技术的研究。

20世纪80年代，机器人步入了跨越式发展时期。这一时期进行了工业机器人基础技术、基础元器件、几类工业机器人整机及应用工程的开发研究；完成了示教再现式工业及其成套技术的开发，研制出喷涂、弧焊、点焊和搬运等作业机器人整机，几类专用和通用控制系统及几类关键元部件，并在生产中经过实际应用考核，其性能指标达到20世纪80年代初国外同类产品的水平。

为了跟进国外高技术，在国家高技术计划中安排了智能机器人的研究开发，包括水下无缆机器人、高功能装配机器人和各类特种机器人，进行了智能机器人体系结构、机构、控制、人工智能、机器视觉、高性能传感器及新材料等的应用研究。

20 世纪 90 年代，由于市场竞争加剧，一些企业认识到必须要用机器人等自动化设备来改造传统产业，才能进一步走向产业化。在喷涂机器人，点、弧焊机器人，搬运机器人，装配机器人，矿山、建筑、管道作业的特种工业机器人技术方面和系统应用的成套技术方面继续开发和完善，进一步开拓市场，扩大应用领域，逐步扩展到各类制造业并渗透到非制造业领域。

5.3.4.2　我国未来机器人的发展趋势

【问题】

我国未来机器人技术的发展趋势是什么？

（1）工业机器人操作机结构的优化设计技术。探索新的高强度轻质材料，进一步提高负载-自重比，同时机构向着模块化、可重构方向发展。

（2）机器人控制技术。重点研究开放式、模块化控制系统，人机界面更加友好，语言、图形编程界面正在研制之中。机器人控制器的标准化和网络化以及基于 PC 机网络式控制器已成为研究热点。

（3）多传感系统。为进一步提高机器人的智能和适应性，多种传感器的使用是其问题解决的关键。其研究热点在于有效可行的多传感器融合算法，特别是在非线性及非平稳、非正态分布的情形下的多传感器融合算法。

（4）机器人遥控及监控技术。机器人半自主和自主技术，多机器人和操作者之间的协调控制，通过网络建立大范围内的机器人遥控系统，在有时延的情况下，建立预先显示进行遥控等。

（5）虚拟机器人技术。基于多传感器、多媒体和虚拟现实以及临场感应技术，实现机器人的虚拟遥控操作和人机交互。

（6）多智能体控制技术。主要对多智能体的群体体系结构、相互间的通信与磋商机理、感知与学习方法、建模和规划、群体行为控制等方面进行研究。

（7）微型和微小机器人技术。这是机器人研究的一个新的领域和重点发展方向。过去的研究在该领域几乎是空白，因此该领域研究的进展将会引起机器人技术的一场革命，并且对社会进步和人类活动的各个方面产生不可估量的影响，微型机器人技术的研究主要集中在系统结构、运动方式、控制方法、传感技术、通信技术以及行走技术等方面。

（8）软机器人技术。主要用于医疗、护理、休闲和娱乐场合。传统机器人设计未考虑与人紧密共处，因此其结构材料多为金属或硬性材料，软机器人技术要求其结构、控制方式和所用传感系统在机器人意外地与环境或人碰撞时是安全的，机器人对人是友好的。

(9) 仿人和仿生技术。这是机器人技术发展的最高境界，目前仅在某些方面进行一些基础研究。

思考与练习

一、填空题

(1) 机电一体化一般包含________和________两层含义。

(2) 伺服驱动技术的研究对象是__________。

(3) 断路器按照灭弧原理不同，可分为________、________和________。

(4) 真空断路器在操作时往往会产生较________的截流过电压和电弧重燃过电压。

二、判断题

(1) 低压电器是一种能根据外界的信号和要求，手动或自动地接通、断开电路，以实现对电路或非电对象的切换、控制、保护、检测、变换和调节的元件或设备。(　　)

(2) 我国于1972年开始研制工业机器人，数十家研究单位和院校分别开发了固定程序、组合式、液压伺服型通用机器人，并开始了机构学、计算机控制和应用技术的研究。(　　)

三、简答题

(1) 机电技术的发展过程是怎样的？

____

____

____

____

____

(2) 机电一体化系统中机械技术的关键部件有哪些？请列举至少两个。

____

____

____

（3）机电一体化系统的技术组成主要有哪些？

（4）工业机器人按控制方式的不同如何分类？

6 其他高新加工制造技术

6.1 纳米技术

纳米技术是一个崭新的高科技学科群，它包含纳米电子学、纳米物理学、纳米材料学、纳米机械学、纳米生物学、纳米测量学、纳米工艺学等，是一门基础研究与应用探索相互融合的新兴科学技术。随着纳米技术的发展，人们越来越认识到，纳米技术在诸多领域有着良好的应用前景，它将对人类产生深远的影响。

6.1.1 纳米技术的诞生及定义

【问题】

纳米技术诞生的背景是什么？

在工业革命以前，大部分生产、科研不需要用到毫米级单位，说明了我们对这个世界认知的粗浅。

以蒸汽机等机械发明为主要标志的第一次工业革命，将人类认知推向毫米层次。第二次工业革命，发明了电，从机械时代进入微电子时代，毫米单位不够精确，毫米的千分之一——微米诞生了。

随着科学技术的发展，微米层次的局限也越来越明显，只有进入另一个层次——纳米层次，才会有更大的突破。

我国著名科学家钱学森曾指出，纳米左右和纳米以下的结构是下一阶段科技发展的一个重点，会是一次技术革命，从而将引起21世纪又一次产业革命。

【问题】

什么是纳米技术？

1 纳米 = 10^{-9} 米，即十亿分之一米，纳米微粒的尺度一般定义为 10^{-10} ~ 10^{-7} 米内（0.1~100 纳米）；相当于人发直径的十万分之一。形象地讲，1 纳米的物体放到乒乓球上，就像一个乒乓球放在地球上一般。这就是纳米长度的概念，它很可能成为本世纪的主导技术，启动纳米技术的计划甚至被看做是下一次工业革命的核心。

纳米技术是指在纳米尺度（1~100 纳米）上研究物质（包括原子、分子的操纵）的特性和相互作用，以及利用这些特性的多学科交叉的科学和技术。

当物质小到 1~100 纳米（10^{-9} ~ 10^{-7} 米）时，其量子效应、物质的局域性及巨大的表面及界面效应使物质的很多性能发生质变，呈现出许多既不同于宏观物体，也不同于单个孤立原子的奇异现象。

纳米科技的最终目标是直接以原子、分子及物质在纳米尺度上表现出来的新颖的物理、化学和生物学特性制造出具有特定功能的产品。

6.1.2　纳米技术的发展历程

【问题】

纳米技术是如何发展的？

1959 年，著名物理学家、诺贝尔奖获得者理查德 · 费曼预言，人类可以用小的机器制作更小的机器，最后将变成根据人类意愿，逐个地排列原子，制造产品，这是关于纳米技术最早的梦想。

20 世纪 70 年代，科学家开始从不同角度提出有关纳米科技的构想，1974 年，科学家唐尼古奇最早使用纳米技术一词描述精密机械加工。

1982 年，科学家发明研究纳米的重要工具——扫描隧道显微镜，揭示了一个可见的原子、分子世界，对纳米科技发展产生了积极的促进作用。

1993 年，继 1989 年美国斯坦福大学搬走原子团“写”下斯坦福大学的英文名字、1990 年美国国际商用机器公司在镍表面用 36 个氙原子排出“IBM”之后，中科院物理所操纵原子成功写出“中国”二字。

1997 年，美国科学家首次成功地用单电子移动单电子，利用这种技术可望在 20 年后研制成功速度和存储容量比现有计算机提高上万倍的量子计算机。

1999年，巴西和美国科学家发明了当时世界上最小的“秤”，可称量十亿分之一克的物体，相当于一个病毒的质量；此后不久，德国科学家研制出能称量单个原子质量的“秤”。

2000~2006年，各种纳米带、线等二维纳米物体以及纳米机器相继在实验室制备成功，纳米物质的检测表征有了进一步的发展。

2015年年初，中国科学技术大学曾杰教授研究组在铂铜双金属分形多级材料可控合成和生长机理研究方面取得重要进展，成功合成了不同尺寸、具有三角双锥外形的铂铜双金属多级结构纳米晶。

6.1.3 纳米材料及其性质与应用

【问题】

什么样的材料才可以称为纳米材料？

纳米材料，一般是指尺寸在1~100纳米间的粒子，是处在原子簇和宏观物体交界的过渡区域，从通常的关于微观和宏观的观点看，这样的系统既非典型的微观系统，也非典型的宏观系统，是一种典型的介观系统。

它具有表面效应、小尺寸效应和宏观量子隧道效应，库仑阻塞效应。当人们将宏观物体细分成超微颗粒（纳米级）后，它将显示出许多奇异的特性，即它的光学、热学、电学、磁学、力学以及化学等方面的性质和大块固体相比时将会有显著的不同。

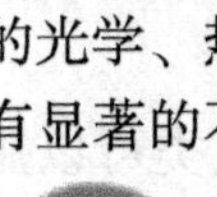

【问题】

纳米技术在科技领域都有哪些方面的应用？

6.1.3.1 表面效应

纳米微粒尺寸小，表面能高，位于表面的原子或分子所占的比例非常大，并随纳米粒子尺寸的减小而急剧增大，表面原子数的增加导致了性质的急剧变化。这种表面原子数随纳米粒子尺寸减小而急剧增大后引起的性质上的显著变化称为表面效应。

从化学角度来看，表面原子所处的键合状态或键合环境与内部原子有很大的差异，常常处于不饱和状态，导致纳米材料具有极高的表面活性，易与其他原子结合。纳米颗粒表现出高的催化活性和高反应。

6.1.3.2　小尺寸效应

（1）特殊的光学性质。当金属被细分到小于光波波长的尺寸时，即失去了原有的富贵光泽而呈黑色。事实上，所有的金属在纳米颗粒状态都呈现为黑色，尺寸越小，颜色越黑。由此可见，金属纳米颗粒对光的反射率很低，通常可低于1%，大约几微米的厚度就能完全消光。利用这个特性研发可以作为高效率的光热、光电等转换材料，高效率地将太阳能转变为热能、电能。此外，还有可能应用于红外敏感组件、红外隐身技术等，如图 6-1 所示的隐形飞机。

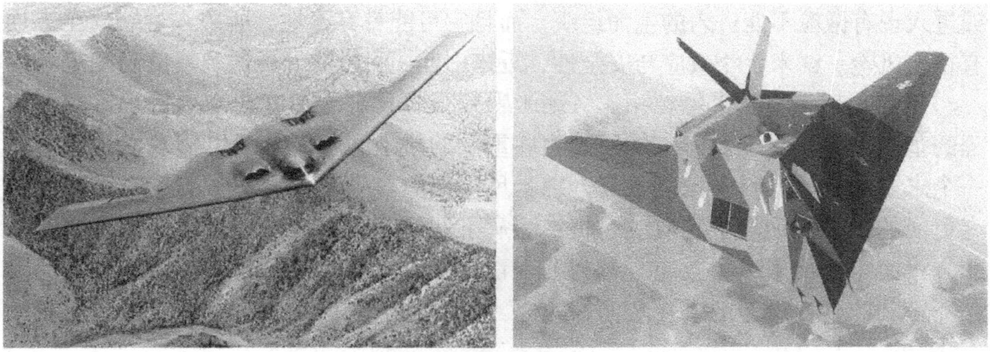

图 6-1　隐形飞机

（2）特殊的热学性质。固态物质在其形态为大尺寸时，其熔点是固定的，超细微化后却发现其熔点将显著降低，当颗粒小于 10 纳米量级时尤为显著。例如，金的常规熔点为 1064 摄氏度，当颗粒尺寸减小到 10 纳米尺寸时，则降低到 270 摄氏度；银的常规熔点为 960 摄氏度，而超微银颗粒的熔点可低于 100 摄氏度。

（3）特殊的磁学性质。人们发现鸽子、海豚、蝴蝶、蜜蜂以及生活在水中的趋磁细菌等生物体中存在超微的磁性颗粒，使这类生物在地磁场导航下能辨别方向，具有回归的本领。小尺寸的超微颗粒磁性与大块材料显著不同，大块的纯铁矫顽力约为 80 安/米，而当颗粒尺寸减小到 20 纳米以下时，其矫顽力可增加 1000 倍，若进一步减小其尺寸，大约小于 6 纳米时，其矫顽力反而降低到零，呈现出超顺磁性。利用磁性超微颗粒具有高矫顽力的特性，已做成高储存密度的磁记录磁粉，大量应用于磁带、磁盘、磁卡以及磁性钥匙等。利用超顺磁性，人们已将磁性超微颗粒制成用途广泛的磁性液体。磁性液体是纳米磁性材料的最早重要应用之一，可用于宇航员头盔的密封。

6.1.4 纳米技术的负面影响

【问题】

纳米技术有哪些负面影响?

在2002年科学家已经发现，纳米微粒在实验动物的肺里累积，可以被吸收进细胞，或有可能寄附在细菌上进入血液循环，会有什么后果还不清楚。虽然科学家宣布了这个事实，却被主流媒体忽略了。它的微小，使它非常容易进入血液循环，或进入现有微粒不能进入的生命组织。而且它可能带有毒性，所以在生物安全方面有很大风险。纳米生物效应与安全性，近来引起了科学界和各国政府的高度重视。

研究发现，与微米颗粒相比，纳米颗粒很容易进入细胞这个维持正常生命过程的基本单元。目前没有人能回答这些重要的科学问题，纳米生物效应还几乎是一个未知的领域。科学家们推测，纳米尺度物质对生命过程的影响，有正面的也有负面的。正面纳米生物效应，将给疾病早期诊断和高效治疗带来新的机遇和新的方法；负面纳米生物效应，称为纳米毒理学，它研究纳米物质对人体健康、生存环境和社会安全等的潜在负面影响。

【实践】

寻找生活中存在的纳米技术实例，并分析。

6.2 激光技术

激光是20世纪60年代的新光源。激光由于具有方向性好、亮度高、单色性好等特点而得到广泛应用。激光加工是激光应用最有发展前途的领域之一，现在已开发出20多种激光加工技术。

6.2.1 激光技术的诞生与发展

世界上第一台激光器诞生于1960年，我国于1961年研制出第一台激光器，

此后几十年来，激光技术与应用发展迅猛，已与多个学科相结合形成多个应用技术领域，比如光电技术、激光医疗与光子生物学、激光加工技术、激光检测与计量技术、激光全息技术、激光光谱分析技术、非线性光学、超快激光学、激光化学、量子光学、激光雷达、激光制导、激光分离同位素、激光可控核聚变、激光武器等。这些交叉技术与新的学科的出现，大大地推动了传统产业和新兴产业的发展。

现已发现的激光工作物质有几千种，波长范围从软 X 射线到远红外线。激光技术的核心是激光器。激光器的种类很多，可按工作物质、激励方式、运转方式、工作波长等不同方法分类。根据不同的使用要求，采取一些专门的技术提高输出激光的光束质量和单项技术指标，比较广泛应用的单元技术有共振腔设计与选模、倍频、调谐、Q 开关、锁模、稳频和放大技术等。

6.2.2　激光技术的原理与性质

【问题】

激光技术的科学原理是什么？它有哪些性质？

激光于 1960 年面世，是一种因刺激产生辐射而强化的光。科学家在电管中以光或电流的能量来撞击某些晶体或原子易受激发的物质，使其原子的电子达到受激发的高能量状态，当这些电子要回复到平静的低能量状态时，原子就会射出光子，以放出多余的能量；而接着这些被放出的光子又会撞击其他原子，激发更多的原子产生光子，引发一连串的连锁反应，并且都朝同一个方向前进，形成强烈而且集中朝向某个方向的光。因此强的激光甚至可用于切割钢板。

激光因其具有单色波长、同调性、平行光束等特性而被广泛应用。激光几乎是一种单色光波，频率范围极窄，又可在一个狭小的方向内集中高能量，因此利用聚焦后的激光束可以对各种材料进行打孔。以红宝石激光器为例，它输出脉冲的总能量不够煮熟一个鸡蛋，但却能在 3 毫米的钢板上钻出一个小孔。激光拥有上述特性，并不是因为它与别的光有不同的光能，而是它的功率密度十分高，这就是激光被广泛应用的原因。

6.2.3 激光技术的应用

【问题】

激光技术的应用有哪些？

激光加工技术是利用激光束与物质相互作用的特性，对材料（包括金属与非金属）进行切割、焊接、表面处理、打孔、微加工以及作为光源识别物体等的一门技术，传统应用最大的领域为激光加工技术。激光技术是涉及光、机、电、材料及检测等多门学科的一门综合技术，它的主要应用有以下几个方面。

（1）激光加工技术。激光的空间控制性和时间控制性很好，对加工对象的材质、形状、尺寸和加工环境的自由度都很大，特别适用于自动化加工。激光加工系统与计算机数控技术相结合可构成高效自动化加工设备，这已成为企业实行适时生产的关键技术，为优质、高效和低成本的加工生产开辟了广阔的前景。

热加工和冷加工均可应用于金属和非金属材料，进行切割、打孔、刻槽、标记等。热加工对金属材料进行焊接、表面处理、生产合金、切割均极有利，冷加工则对光化学沉积，激光快速成型技术，激光刻蚀、掺染和氧化都很合适。

（2）激光快速成型。激光制造模型时用的材料是液态光敏树脂，它在吸收了紫外波段的激光能量后便发生凝固，变化成固体材料。把要制造的模型编成程序，输入到计算机。激光器输出来的激光束由计算机控制光路系统，使它在模型材料上扫描刻划，在激光束所到之处，原先是液态的材料凝固起来。激光束在计算机的指挥下做完扫描刻划，将光敏聚合材料逐层固化，精确堆积成样件，造出模型。所以用这个办法制造模型不仅速度快，而且造出来的模型精致。该技术已在航空航天、电子、汽车等工业领域得到广泛应用。

（3）激光切割。激光切割技术广泛应用于金属和非金属材料的加工中，可大大减少加工时间，降低加工成本，提高工件质量。脉冲激光适用于金属材料，连续激光适用于非金属材料，后者是激光切割技术的重要应用领域。但激光在工业领域中的应用是有局限和缺点的，比如用激光来切割食物和胶合板就不成功，食物被切开的同时也被灼烧了，而切割胶合板在经济上还远不合算。

随着激光产业的飞速发展，相关的激光技术与激光产品也日趋成熟。在激光切割机领域，呈现出 YAG 固体激光切割机、CO_2 激光切割机双足鼎立，光纤激光切割机后来居上的局势。

(4) 服装行业的应用。

1) 成衣激光绣花。超过 2/3 的纺织服装面料可利用激光来制作各种数码图案。传统的纺织面料制作工艺需要后期的磨花、烫花、压花等加工处理，而激光烧花在此方面具有制作方便、快捷、图案变换灵活、图像清晰、立体感强，能够充分表现各种面料的本色质感，以及历久常新等优势。如果结合镂空工艺更是画龙点睛，相得益彰。

2) 牛仔影像喷花。通过数控的激光照射，汽化牛仔布料表面的染料，从而在各种牛仔面料上制作不会褪色的影像图案、渐变花形、猫须磨砂等效果，为牛仔时尚又增添了新的靓点。

3) 皮革面料标花。激光技术在制鞋及皮革行业中的应用也非常广泛。激光的优势在于可以在各种皮革面料上快速雕刻和镂空出各式图案，而且操作方面灵活，同时不会使皮革表面产生任何形变，以体现出皮革本身的颜色与质感。它更具有雕刻精度高、镂空无毛边、任意选形等多种优势，适合鞋面、鞋材、皮具、手袋、箱包、皮服等加工生产厂家的需要。

6.3　3D 打印技术

3D 打印 (3DP) 即快速成型技术的一种，它是一种以数字模型文件为基础，运用粉末状金属或塑料等可黏合材料，通过逐层打印的方式来构造物体的技术。它无需机械加工或任何模具，就能直接从计算机图形数据中生成各种形状的零件，从而极大地缩短产品的研制周期，提高生产率和降低生产成本。

6.3.1　3D 打印技术简介

【问题】

3D 打印技术的定义是什么？

由于 3D 打印技术是指通过连续的物理层叠加，逐层增加材料来生成三维实体的技术，与传统的去掉材料加工技术不同，因此又称为添加制造 (Additive Manufacturing，AM)。作为一种综合性应用技术，3D 打印综合了数字建模技术、机电控制技术、信息技术、材料科学与化学等诸多方面的前沿技术知识，具有很高的科技含量。3D 打印机是 3D 打印的核心装备，它是集机械、控制及计算机技术等为一体的复杂机电一体化系统，主要由高精度机械系统、数控系统、喷射系统和成型环境等子系统组成。此外，新型打印材料、打印工艺、设计与控制软件等也是 3D 打印技术体系的重要组成部分。目前，3D 打印技术主要被应用于产品原型、模具制造以及艺术创作、珠宝制作等领域，替代这些领域传统依赖的精细加工工艺。3D 打印可以在很大程度上提升制作的效率和精密程度。除此之外，在生物工程与医学、建筑、服装等领域，3D 打印技术的引入也为创新开拓了广阔的空间。如 2010 年澳大利亚 Invetech 公司和美国 Organovo 公司合作，尝试以活体细胞为“墨水”打印人体的组织和器官，是医学领域具有重大意义的创新。

3D 打印机出现在 20 世纪 90 年代中期，实际上是利用光固化和纸层叠等技术的快速成型装置，它与普通喷墨打印机工作原理基本相同，打印机内装有液体或粉末等“打印材料”，与电脑连接后，通过电脑控制把打印材料层层叠加起来，最终把计算机上的蓝图变成实物。这种打印技术称为 3D 立体打印技术。3D 打印技术实际上是一系列快速原型成型技术的统称，其基本原理都是叠层制造，由快速原型机在 X-Y 平面内通过扫描形式形成工件的截面形状，而在 Z 坐标方向间断地作层面厚度的位移，最终形成三维制件。设计出三维图形无需模具即可整体成形，这就是 3D 打印名字的由来。由于成品是增加材料、逐渐铺陈所得，即每次只铺一层，因此打印技术又被称为“增加材料制造技术”。

3D 打印技术已经在消费品、汽车工业及航空工业等领域获得应用。它对于制造新奇廉价的物品很合适，但生产大体积低价格且有足够强度的部件其能力有限。据估计到 2023 年，3D 打印技术有望取代一些传统的规模化生产企业，导致大量拥有现代生产能力的本地化微工厂出现，有效缩短生产周期，简化供应链。在这一过程中，发展中国家将是主要受益者，因为增材制造相对于传统制造而言，其对工业基础建设的要求更低。理论上来说，当 3D 打印技术成熟后，根据打印材料添加的不同，可以打印任何东西，甚至是人体器官（原料是细胞）、房子（原料是建筑材料）、机械（原料是金属）等，并且可以按照预想模型打印出来，只要在计算机前把要打印的东西的形状等参数设置好即可。

6.3.2 3D 打印技术的发展历程

【问题】

3D 打印技术的发展过程如何？

3D 打印技术的胚芽源于 18 世纪西欧的雕塑艺术，19 世纪在北美受到重视。随着 20 世纪计算机和网络技术的发展，3D 打印技术才真正诞生，并由于条件的成熟而得到飞速的发展。

1986 年，Charles Hull 开发了第一台商业 3D 印刷机。

1993 年，麻省理工学院获 3D 印刷技术专利。1995 年，美国 ZCorp 公司从麻省理工学院获得唯一授权并开始开发 3D 打印机。

2005 年，市场上首个高清晰彩色 3D 打印机 SpectrumZ510 由 ZCorp 公司研制成功。

2010 年 11 月，世界上第一辆由 3D 打印机打印而成的汽车 Urbee 问世。

2011 年 6 月 6 日，发布了全球第一款打印的比基尼。2011 年 7 月，英国研究人员开发出世界上第一台 3D 巧克力打印机。2011 年 8 月，英国南安普敦大学的工程师们开发出世界上第一架 3D 打印的飞机。

2012 年 11 月，苏格兰科学家利用人体细胞首次用 3D 打印机打印出人造肝脏组织。

3D 打印技术的本质在于个性化需求的创意设计理念。因而 3D 打印技术的发展，体现了人性的完善和完美过程。

6.3.3　3D 打印技术的原理

【问题】

3D 打印技术的原理是什么？

3D 打印技术是通过逐层打印的方式来构造物体的。其每一层的打印过程分为两步，首先在需要成型的区域喷洒一层特殊胶水，胶水液滴本身很小，且不易扩散；然后是喷洒一层均匀的粉末，粉末遇到胶水会迅速固化黏结，而没有胶水的区域仍保持松散状态。这样在一层胶水一层粉末的交替下，实体模型将会被“打印”成型，打印完毕后只要扫除松散的粉末即可“刨”出模型，而剩余粉末还可循环利用。

打印耗材由传统的墨水、纸张转变为胶水、粉末，当然胶水和粉末都是经过处理的特殊材料，不仅对固化反应速度有要求，对于模型强度以及“打印”分辨率都有直接影响。3D 打印技术能够实现 600dpi 分辨率，每层厚度只有 0.01 毫米，即使模型表面有文字或图片也能够清晰打印。受到喷打印原理的限制，打印速度势必不会很快，较先进的产品可以实现每小时 25 毫米高度的垂直速率，相比早期产品有 10 倍提升，而且可以利用有色胶水实现彩色打印，色彩深度高达 24 位。由于打印精度高，打印出的模型品质自然不错。除了可以表现出外形曲线上的设计，结构以及运动部件也不在话下。如果用来打印机械装配图，齿轮、轴承、拉杆等都可以正常活动，且腔体、沟槽等形态特征位置准确，甚至可以满足装配要求，打印出的实体还可通过打磨、钻孔、电镀等方式进一步加工。同时粉末材料不限于砂型材料，还有弹性伸缩、高性能复合、熔模铸造等其他材料可供选择。

6.3.4 3D 打印技术的优势

【问题】

3D 打印技术有哪些优势？

3D 打印技术的魅力在于它不需要在工厂操作，桌面打印机就可以打印出小物品，而且人们可以将其放在办公室一角、商店甚至房子里；而自行车车架、汽车方向盘甚至飞机零件等大物品，则需要更大的打印机和更大的放置空间。

与传统技术相比，三维打印技术还拥有如下优势：通过摒弃生产线而降低了成本，大幅减少了材料浪费；而且，它还可以制造出传统生产技术无法制造出的外形，比如让人们可以更有效地设计出飞机机翼或热交换器；另外，在具有良好设计概念和设计过程的情况下，3D 打印技术还可以简化生产制造过程，快速有效又廉价地生产出单个物品。

3D 打印技术还有其他重要的优点。大多数金属和塑料零件为了生产而设计，这就意味着它们会非常笨重，并且含有与制造有关但与其功能无关的剩余物。而 3D 打印技术不是这样的，在 3D 打印技术中，原材料只为生产所需要的产品，借用 3D 打印技术，零件生产得更加精细轻盈。当材料没有了生产限制后，就能以最优化的方式来实现其功能，因此，与机器制造出的零件相比，打印出来的产品的重量要轻，并且同样坚固。

6.3.5 3D 打印技术的应用现状与展望

【问题】

3D 打印技术的应用现状是什么样？

如今3D打印技术的精度约为0.1毫米，而且打印机本身的售价偏高，不过，随着技术的进步和成本的降低，一台普通3D打印机的成本有望比1985年的激光打印机还要低。但生物3D打印机也面临着诸多挑战，其中之一是其打印出的物体如何与身体其他器官尤其是大的组织更好地结合，因为任何打印出来的器官或身体组织都需要同身体的血管相连，而这可能非常难实现。一旦克服了这个技术障碍，在未来几十年内，生物打印技术将成为一项标准技术。现在3D打印技术还不够成熟，材料特定、造价高昂，打印出来的还都处于模型阶段，也就是说真正用于生活应用的还并不多，但3D打印技术的前景很好，未来将有可能得到普及，进入我们的生活。

【问题】

同学们，充分发挥你们的想象力，设想下3D打印技术的未来发展是怎样的？

3D打印技术的到来将意味着我们人人都能成为制造家，世界各地各处都能成为制造工厂，全民制造的时代正在向我们招手。它同时也意味着各种行业将面临巨大变革，传统制造业和服务业之间的界限将变得越来越模糊，3D打印将重塑制造业。随着大企业对3D制造的兴趣日益浓厚，原材料成本就会随之下降，同时打印机技术也会不断改进。

在不久的将来，3D打印技术将走进千家万户，这是制造能力的大众化。有了3D打印机后，人人都可以通过数码设计制造出各种想象中的物体，或者借用不管来自世界哪个角落的某种设计，只需要按一个按钮，3D打印机就可以用塑料或其他材质，把你设计的物品在你眼前“打印出来”。10年前的科幻小说情节如今已经成为现实。事实上，能让我们的电脑打印纸质文档的点矩阵打印机，也是不久之前才发明出来的，而现在3D打印机又以同样的方式使我们梦想的各种物体都能呈现在我们眼前。有了3D打印机的魔力，人人都是制造商，唯一能限制我们的，就是我们的想象力。3D打印技术必将开创一个全民制造的崭新时代。

思考与练习

一、填空题

(1) 纳米科技是指________________________。

(2) 激光是____________的新光源。

(3) 3D 打印技术最突出的优点是无需________，就能直接从计算机图形数据中生成任意形状的零件。

二、判断题

(1) 激光技术的核心是激光器，激光器的种类很多，可按工作物质、激励方式、运转方式、工作波长等不同方法分类。(　　)

(2) 激光具有单色波长、同调性、平行光束的特性。(　　)

(3) 3D 打印(3DP)即快速成型技术的一种，它是一种以数字模型文件为基础，运用粉末状金属或塑料等可黏合材料，通过逐层打印的方式来构造物体的技术。(　　)

三、简答题

(1) 纳米技术是如何发展的?

____

____

____

____

____

(2) 激光技术的原理是什么?

____

____

____

____

____

(3) 简述 3D 打印技术的发展过程。

____

____

____

____

____

模块3　科学技术应用

7　素养训练

7.1　科学思维和方法

【问题】

同学们，科学探索的前提是拥有科学思维与科学方法，那么，你们知道什么才是科学思维和方法吗？

7.1.1　科学思维的定义

思维方式是指人们反映事物、思考问题的角度、方法及其特征。科学思维方式是指为了正确认识客观世界所采用的思辨模式和认识方法，它是连接实践与理论的桥梁。科学思维方式是以辩证唯物主义和历史唯物主义为根本思想武器，进行科学探索、科学实践、科学研究的思维方法。或者可以说，科学思维是指符合认识规律、遵循一定的逻辑规则，并能够达到正确认识结果的思维。

科学思维，一是要求人的思维要正确，即能正确地反映客观事物及其规律，正确应用逻辑规则进行推理活动并不断达到正确的结果；二是要求人的思维要不断地向深度和广度前进。科学思维的本质特点是正确性，如果不能正确地运用概念、判断进行推理，不能运用科学的思维方法，思维的结果往往是错误的，这就不是科学思维。

7.1.2 科学思维的主要特点

科学思维主要有客观性、精确性、可检验性和预见性等特点。

（1）客观性。科学思维应该遵循从实际出发的原则，要如实地反映事物的本质和规律，力图真实地去反映认识的对象。这是进行科学思维的基础和必要的出发点，如果从书本出发或从某种理论、原则出发，不尊重事实和不重视实践的结果，就不可能是科学思维。

（2）精确性。科学思维不仅是符合事物本质和规律的思维，它还是遵循一定逻辑规则的思维，而且在思维过程中能够运用大量的思维手段和认识工具，所以，有很强的精确性。随着认识的发展和认识能力的提高，各种思维手段和认识工具的不断完善，科学思维的精确性水平将越来越高。

（3）可检验性。科学思维之所以具有科学性，很重要的一点就在于其思维的结果是可以验证的，科学思维是能够经得起实践检验的思维。科学思维并非是不犯错误的思维，而是指它能够经受实践的检验，并可以在实践的检验中不断坚持真理和修正错误的思维。过去是正确的东西，随着实践的发展，今天可能出现错误；今天是正确的东西，随着实践的发展，不能保证明天仍然是正确的。所以，科学思维是要不断接受实践检验的思维，是不断坚持真理、修正错误的思维。

（4）预见性。由于科学思维正确能够正确地运用逻辑规则，正确地反映事物的本质和规律性，所以，它往往能够预见事物发展的未来，对事物的发展趋势或发展前景能够做出合乎逻辑的推断和预测。在科学史上，由于科学思维这种预见性所产生的重大发现，比比皆是。

7.1.3 科学思维的作用

（1）科学思维有利于树立正确的世界观和方法论。科学思维要求我们从实际出发，正确反映事物的本质和规律。我们要运用辩证唯物主义和历史唯物主义世界观和方法论去分析和解决问题，反对唯心主义和形而上学等错误的世界观和方法论。

（2）科学思维有利于正确地认识世界和改造世界。科学思维作为正确的思维模式和思维方法，给我们正确认识和改造世界的活动提供了思想武器。我们可以自觉地遵循形式逻辑的要求，反对相对主义、诡辩论等错误。科学思维能够使我们在认识世界和改造世界的活动中少走弯路，尽快达到自己的目的。

（3）科学思维有利于具体科学的发展。具体科学的发展离不开正确的思维模式，正确的思维模式和方法，有助于正确的科学理论的形成，这是相互作用的。科学思维能够使我们判断事实是否与理论相符合，有利于我们综合运用各种科学思维方法，面对新情况，解决新问题。各门具体科学的产生和发展，正是在科学思维的推动下造成的。

(4) 科学思维有利于人际交流。人和人的交流也离不开正确思维，科学思维就像融合剂，能使不同的民族和宗教派别在同一个世界中和谐共存。科学思维还可以帮助我们正确地对待“思维定势”，利用思维定势快速解决问题，同时能够不被思维定势的负面所影响。

7.1.4 科学方法

科学思维方法主要有等量代换法、观察渗透理论、黑箱方法、假说方法和回溯推理方法。

(1) 等量代换法。等量代换法就是把不能直接解决的问题用在某方面和它相同或相似的，并容易解决的问题代替求解，从而求出问题的答案，或是找到类似的解决方法。

(2) 观察渗透理论。科学实验证明，人的头脑在认识事物之前，并不是空无一物的“白板”，而是已经存在着某种东西了。这就是已有的知识储备、理论框架、价值观念等。它们对观察者的观察范围和思考偏向作了预先的规定。这就要求作为观察者的我们，要具备良好的知识结构，不能固守传统的思想观念，要善于改变自己的固定思路，从而促进创新意识的发展。

(3) 黑箱方法。黑箱方法，即把研究对象看做“黑箱”（由于种种条件的限制，无法从外部或无法打开来直接探察其内部的奥秘，如人的大脑、人口系统、原子结构、密封的仪器等，都可看做“黑箱”），通过观察外界向“黑箱”输入的信息和从“黑箱”输出的信息，来研究“黑箱”内部状态、结构和机理，从而揭示研究对象的特点和规律的一种科学方法。这种方法实际上是一种察其“表”而知其底的方法。由于黑箱方法不需要打开研究对象，只需通过外部观察、试验，就可了解研究对象的内部情况和变化，同时，它是从事物的整体功能着眼，不考虑事物的内部细节，所以它有着广泛的应用价值。

(4) 假说方法。假说就是以一定的科学事实和科学原理为依据、关于未知事物及其规律性所做出的一种假定性说明。它具有两个显著的特点：一是科学性，假说，不是信口开河，它必须以一定的科学事实和科学原理为根据，并经过一定的科学论证；二是假定性，假说是一种猜测或猜想，至于这种猜测是否正确，在假说提出时还是一个未知数。假说的真理性有待之后的实践来证实。进化论的发展史就是利用的假说方法。

(5) 回溯推理方法。回溯推理方法，也称溯源推理方法、溯因推理方法，它以事物情况之间的联系为基础，是从事物的结果推断其原因、由论断推测理由的一种思维方法。在科学研究中，回溯是建立求因假说的基本思维方法。生长素的发现就是一个很好的例子。

【实践】

准备放大镜和黑色纸，在阳光下用放大镜聚光，对准黑色纸，太阳光够强的话，过一段时间，黑色纸就会冒烟进而燃烧。这种方法可以有效地收集太阳热量。请大家参照这样的方法，想一想，我们在日常工作生活中是如何使用太阳能的。

7.2 科学习惯的养成

【问题】

我们常说性格决定命运，但是我们的习惯也会影响自己的一生。行为养成习惯，习惯造就性格，性格决定命运。在科学探索的领域中，良好习惯的养成对学习科学、培育科学素养有着至关重要的作用。习惯是一种惯性，也是一种能量的储蓄，一个好的习惯，可以帮助我们一步一步迈进科学的殿堂，走向知识的高峰。所以，同学们要有意识地培育良好的科学习惯。那么我们应该从哪些方面来进行科学习惯养成的训练呢？

科学的学习习惯有很多，在科学实验课中，我们应该着重培养以下几个科学习惯。

7.2.1 积极发言、认真倾听

在学习中，应该主动自觉加强与老师的交流，同时也不能忽视同学间的交流，尤其是实验教学更应如此。同学之间的讨论与交流，是一种积极的学习方式。同学之间交流自己的实验心得，描述自己在实验中的观察方法、观察结果，共享实验的成果和经验。每个学生都是独特的个体，都有自己独特的观察视角，所以每个人的观察中总有一些别人没有注意到的地方，在与同学的交流中就可以受到启发，也有助于发展自己捕捉感性材料的能力。同时在讨论中，同学之间提出不同的见解与意见，从而发展自己的辩证思维，能够培养不唯书、不唯上的唯实精神，提高批判性的思维能力。因此在学习中，同学们要积极发言主动交流，同时也要养成认真倾听他人的习惯。

（1）带着思考与疑问，认真倾听。有很多同学在听别人讲话时总是插话，很不用心。针对这一点，同学们要反思自己的行为，改掉这种不良的习惯。因为倾听他人讲话既有利于把握对方要表达的内容，又是对讲话人的一种尊重。在交流经验或者科学知识时，我们可以在别人发言完毕后补充发言人所没有说到的方面，也可以根据他人的观点，来阐述自己的观点和意见，但这些的前提都是基于认真倾听，只有认真倾听才能不与他人的答案重复或者做出不正确的评价。我们在倾听的同时还应该积极地动脑思考，根据别人的讲话内容理清自己的思路，培育自己思维的发展。

（2）文明听讲，礼貌沟通，学会尊重他人。课堂上，有的同学在听别人的讲话时不仅不够专注，而且经常打断插话或者为了说服对方而使用不文明的语言。这既是对自己知识的损失，也是对他人极为不尊重的行为。所以，我们在上科学课时，除了用心倾听，不随意打断他人，也要在阐述自己观点的同时杜绝不文明用语，尊重他人的意见。

7.2.2　大胆猜想

科学家高斯说过："没有大胆的猜测就不可能有伟大的发现。"猜想是一种具有创造性和重塑性的思维活动。在科学学习中，要积极大胆地进行猜想，积极主动树立创造和创新意识，才能在已知的领域中有所突破和创新，在未知领域中有所发现和进展，激发学习兴趣，有意识地培养自己的观察能力和想象能力，从而发展思维的独特性。"科学探究"是一个比较复杂的认识过程，从提出研究的问题，并对所提出的问题进行大胆的猜想，根据自己的猜想进行科学验证，直到完成研究过程是一个整体，科学研究就是从提出问题开始的。

所以，我们从青少年时期，就要呵护自己的好奇心，提出问题，大胆猜测，怀着对世界未知探索的热情，像科学家一样探究大自然的奥秘，这是一切科学探索的前提。我们知道，猜想就是大胆的判断，无数的发明都是来源于科学家大胆的猜想。在学习过程中，不要因为已知知识而故步自封，限制假设和猜想，要充分发表自己的意见，这样才会在学习的过程中，有一种更加求实的精神，并渴望通过探索来寻求答案。

7.2.3　亲自动手

7.2.3.1　实验前

首先，要养成实验前先制订实验方案的好习惯。动手之前先动脑，是科学学习中非常重要的一个环节。在科学学习的实践过程中，更应该注重动手前的动脑活动，“想好了再做”是形成科学态度和科学探究能力的关键。

其次，动手与动脑应有机结合。动手顺利进行的前提是动脑，动脑是提高思维能力的有效途径，只有把动手和动脑紧密结合起来，探究活动的有效性才能随之提高，也才能在动手动脑中提高科学素养。实验方案中应该包括实验目的、实验方法、实验原理、实验材料、实验步骤、实验结果、实验反思几大部分。养成写实验方案的习惯，就是在培养解决问题的能力，先干什么，再干什么，在干中注意什么，要采用什么方法、途径。长期培养，我们就会运用科学的思维，科学地想事情、看问题，有条理、有程序地考察、研究、解决问题。

再次，在日常科学实验研究中，要养成有秩序地领取实验器材和物品的习惯。同时，不要因为对实验器材的好奇而忽略了听取老师的实验指导。

7.2.3.2 实验中

要养成脚踏实地进行试验设计的习惯。在实际科学学习中经常会出现这样的现象，在同学和老师的帮助下，同学们花了很长的时间去设计和完善了实验。然而在实际的动手实验中，有些同学总是不自觉地忘记了自己的实验设计，而是跟着别人的实验步骤来进行操作；还有一些同学在实验中出于好奇心而把关注点放在了与实验无关的事情上，浪费了很多时间，实验却只进行了一半；还有的同学，根本就不按照实验设计开展实验，随心所欲，结果事倍功半，得不偿失。因此我们必须养成踏实完成实验设计的习惯。在亲历实验与探究的过程中，我们只有自己经历了挫折与失败，成功与欣喜，才能达到实验应有的效果，才能对科学有更深刻的认知提升。这其中的许多感受和体验，正是他们理解科学的本质，理解科学精神的意义和价值观的基础。在探究过程中，免不了要走很多的弯路，甚至因为找不到答案而不得不求助于教师给予解答。但是，我们能够从这一亲历过程中学到很多意想不到的知识。没有永远“失败”的人，失败的实验和研究能够磨砺我们的心志。因此在学习中同学们要重视实验设计，培养踏实做好自己实验设计的习惯。只有这样才能逐步培养科学探究精神，提高科学探究能力。

7.2.4 认真观察、真实记录

所有的科学发现，都是源于观察和实验。因此，在学习中要培养观察的习惯和记录的习惯。这些习惯的养成绝不是一蹴而就的，需要我们耐心地引导、逐渐养成。

（1）仔细观察。科学习惯的养成最佳时期是在学生时代，因此在平时的学习中同学们一定要学习多种观察方法，静下心来仔细观察。我们要明白观察不是走过场，观察是需要花时间的，需要有耐性、有毅力。

（2）真实记录。俗话说得好，好记性不如烂笔头，养成记录的好习惯会使人受益匪浅。在平时的科学实验和观察记录中，有的学生把自己看到的现象和认识同时记录下来；而有些学生为了完成记录作业，在没有观察的基础上，自行编写记录……所以，有个别同学的记录存在虚假性，这是违背科学精神的。因此，在科学知识的学习中我们应培养自己实事求是的习惯，要真实地记录各种实验现象，这样才有利于我们发现问题、提出问题，有利于进一步探究。在实验中，只有养成踏实完成实验设计，认真观察、真实记录、不打闹、有秩序、分工合作的良好习惯，才能确保准确高效地完成实验。

总之，良好学习习惯不是一朝一夕就能养成的，这要求我们在长期的科学素养的学习和培养中，从点滴做起，结合不同的学习内容，采用不同的实验和研究方法，逐步地养成良好的习惯，不断提高自身的科学素养。

7.3 发现科学技术之旅

【问题】

同学们，你们在平时都做过哪些有意思的实验呢？你们又掌握了哪些技术，可以帮助自己提高工作学习效率？实验中的科学世界充满了奥秘，充满了神奇，在科学探索的航道上，让我们扬帆起航，掌握科学，使用科学，从科学中探索技术，从而成为具有科技素养的新一代青年，现在就开启属于我们的精彩之旅吧！

7.3.1 “火箭”之旅

火箭的研制，对于太空探测意义重大，它是实现卫星上天、宇航员太空行走的基础，并且使星际旅行成为可能。

火箭在点燃的那一刻，在巨大的推力帮助下带着航天器飞向太空时，同学们是不是有着满满的羡慕之意呢？不必羡慕，我们也可以制作属于自己的“小火箭”。制作火箭的准备材料非常简单，快来让我们一起开启火箭制作之旅吧。

7.3.1.1 实验材料

一个饮料瓶（注意塑料瓶不能太软，不然会变形），一根较细的吸管，一根较粗的吸管，一块橡皮泥。

7.3.1.2 实验步骤

（1）将饮料喝完，一滴都不要剩下，把瓶子洗干净，待到瓶子干燥后使用。

（2）把细吸管放入瓶内，用橡皮泥把吸管的底部和瓶口内部粘牢，固定好。

（3）保证瓶口和吸管之间没有任何的缝隙，挤压瓶子时，空气可以全部从吸管内流出。

(4) 拿来粗吸管，用橡皮泥将其一端堵住，封闭好。要确保有足够厚的橡皮泥，这样即使在发射火箭时“无意”中打到人，别人也不会觉得很疼。

(5) 将粗吸管套在细吸管之上，要保证套住之后两个吸管之间还有一定空隙，可以自由移动。

(6) 现在，一切准备就绪，让我们来发射“小火箭”吧！准备好，瞄准！挤压！发射！

7.3.1.3 科学原理

同学们，当你兴奋地发射吸管火箭时，你知道其中蕴含的科学道理吗？其实，在你发射火箭的时候，运用的是牛顿运动定律。

根据牛顿第一定律（又被称为惯性定律），当一个物体不在运动状态中，它就总想保持静止；如果这个物体在直线运动过程中，它就总想保持直线运动。这个吸管不会运动，除非外力使它发生运动，而这个使吸管运动的力，就来自于你挤压空饮料瓶时产生的力。

当然了，这个实验不单单是运用了牛顿第一定律，它还运用了牛顿第三定律（作用与反作用定律），即任何一个运动都会产生一个方向相反、力量相等的反运动。当你挤压瓶子时，空气从宽阔的瓶内被挤压进入细长的细吸管中，空气流动速度变快。这个力较大，该力会推动粗吸管从静止变为运动，从而使吸管能发射出去。在真正的火箭发射过程中，为火箭产生推动力的是燃料，它能在短时间内产生极大的推动力，让火箭脱离地球的吸引力飞到宇宙空间中去。

需要注意的是，不要将你的火箭向人发射。如果想要挑战，你可以考虑更换饮料瓶，越大的饮料瓶可以提供的推动力越强。同时，你也可以设计火箭的外观，在粗吸管的基础上加一些平衡翼，调整小火箭的首尾质量，让发射出去的火箭飞行得更加平稳。同学们，别忘了给自己的小火箭起个好听的名字。

【问题】

从这个科学实践中，我们学习到了哪些科学知识呢？大家对航天技术有多少了解，请同学们就这两个问题进行讨论。

【知识拓展】

惯性基准组件 IRU

所有在天上飞的飞行设备都会安装一个叫做惯性基准组件的设备。典型的机载惯性基准组件如图 7-1 所示。

图 7-1　机载惯性基准组件

这样的一个组件，听上去是遥不可及的，实际上目前该组件的民用版已经渗透到我们生活的各个角落中。例如汽车 ESP 及安全气囊激发装置、手机倾角传感器、硬盘保护的加速度传感器、数控机床、摄影摇臂、光学防抖，只要是和机械稳定有关的设备，基本都会安装 IRU。而让人想不到的是它的价格只有 4.8 元。吃惊吧，这样的航天技术就在我们身边。

7.3.2　“呼吸”之旅

人类每时每刻都在呼吸，从我们出生的那刻起，呼吸就一直伴随着我们。呼吸是一个自然而然的生理过程，通常，人们只需要几秒的时间就可以完成一次呼吸过程。同学们都知道，人体是用肺部进行呼吸的，平时我们呼吸时只能看到胸腔的起伏变化，却看不到胸腔内的肺是如何工作的。接下来，让我们开启“呼吸”之旅，让我们用身边随处可见的材料，做一个实验道具，模拟人体肺部呼吸的过程。首先，我们来了解吸气。

第一步，由肋骨的肌肉带动胸骨向上、向外移动，使胸廓前后径和左右径都增大。

第二步，膈肌收缩，膈顶部下降，这使得胸廓上下径也增大。

第三步，随着胸廓的扩大，肺也跟着扩张，因此肺的容积增大，肺内气压下降。

第四步，当外界气压大于肺内气压时，外界空气就通过呼吸道进入肺，这就完成了吸气动作。

7.3.2.1　实验材料

废旧饮料瓶一个（为了便于我们观察，在选废旧饮料瓶的时候，要尽量选择大一点、透明的瓶子），气球两个，吸管一个，细线一卷，透明胶带一个。

7.3.2.2　实验道具制作步骤

(1) 将饮料瓶的底部剪掉，同时在瓶盖上剪一个洞。

(2) 将气球用透明胶带固定在吸管一端，用吸管另一端穿过瓶盖上的洞。用胶带在吸管上固定气球时，要多缠几圈，尽量做好密封。

(3) 将另一个气球的头剪掉，作为气球膜，用透明胶把气球膜固定在瓶子底部，并在气球膜中间系一段细绳。在瓶子底端固定气球膜的时候，也要注意粘结实让其密封。

(4) 将瓶盖拧到瓶子上，在瓶盖与吸管的空隙间，也用胶带密封一下。如果用橡皮泥密封的话，也可以。这样，一个模拟呼吸的小道具就做好了，是不是很简单。

7.3.2.3　实验原理

饮料瓶看作胸腔，瓶内的气球代表肺（或肺泡），固定在瓶底端的气球膜看作膈肌，吸管代表呼吸道。

当拉下面的气球膜时，瓶内容积增大，瓶内气压降低，外部空气的气压大于瓶内的气压，外界空气就通过吸管进入气球，这个过程就如同人体吸气的动作原理——膈肌收缩，位置下降，胸腔扩大，肺的容积增大，肺内气压下降，外界空气通过呼吸道进入肺。

这样就完成了一个呼吸的过程，同学们你答对了吗？通过此次实验，我们可以形象地看到呼吸时，我们的肺在胸腔中是如何变化的，让呼吸“看得见”。同学们，一起来动手试试吧！

【问题】

同学们，你们可以开动脑筋思索一下，为什么我们用饮料瓶、气球、吸管等，就模拟出了呼吸过程呢？饮料瓶、气球、吸管等又分别代表什么呢？

【知识拓展】

潜水呼吸器

潜水用的是压缩空气。因为水下有压力，如果气瓶里没有一定的压力，那么潜水者呼吸会十分困难，当然压缩空气能使用的时间也比较长。

呼吸器按照功能来分类，主要可以分为正压式空气呼吸器、移动式氧气呼吸器、长管空气呼吸器、正压式氧气呼吸器、正压式空气呼吸器。这里需要强调的是，空气呼吸器（见图 7-2）和氧气呼吸器（见图 7-3）的区别很大，两者不可以混淆使用。

潜水呼吸器的工作原理：打开气瓶阀，高压空气依次经过气瓶阀、减压器，进行一级减压后，输出约0.7兆帕的中压气体，再经中压导气管送至供气阀，供气阀将中压气体按照佩戴者的吸气量，进行二级减压，减压后的气体进入面罩，供佩戴者呼吸使用，人体呼出的浊气经面罩上的呼气阀排到大气中，这样气体始终沿着一个方向流动而不会逆流。

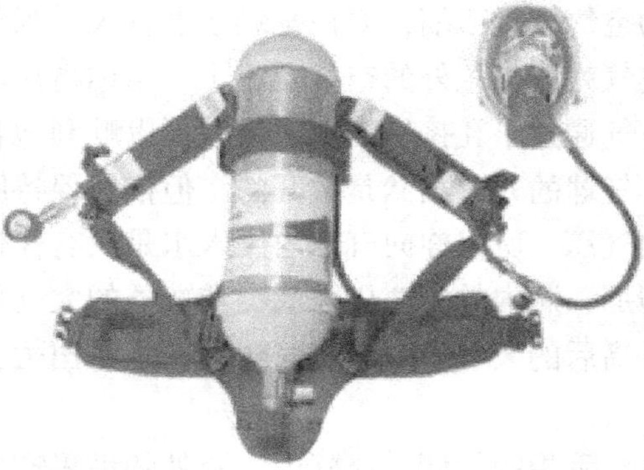

图7–2　空气呼吸器

图7–3　氧气呼吸器

7.3.3　气球之旅

7.3.3.1　实验材料

两个透明的塑料瓶，两个气球，摁钉，胶带，清水。

7.3.3.2　实验步骤

（1）将一个气球放入瓶子内，把气球的吹口翻过来，封住瓶口。尝试一下，你用多大的力量才能把这个放在瓶子中的气球吹鼓呢？别试了，放弃吧，你的力量是绝对吹不起来这个小小的气球的。

（2）在这个瓶子的底部，用摁钉扎一个小孔，再试一次，看这次用多大的力量能把气球吹鼓？你轻而易举地做到了，准备活动到此为止，实验正式开始。

（3）拿来第二个塑料瓶，将另外一个气球像你第一次尝试那样套在瓶口。你手中拿的则是那个底部有空的塑料瓶，找了一个同学来和你比一比，谁才能将气球吹鼓。提前祝贺你胜利了，同时封住和放开底部的小孔，观察气球会发生什么有趣的变化。

（4）还是这套道具，现在和你的朋友比一比，谁能在气球中装满水？你只需要将气球吹鼓，然后用手指或者是胶带悄悄地将底部的小孔堵住，气球就会保持膨胀的状态。这个时候，把水倒进气球，再将气球的口封好就可以了。

（5）如果你和同伴还没有玩过瘾，你们可以继续玩第三个游戏：也许此时此刻，你的同伴已经怀疑你掌中的那套道具有问题了。没关系，这次你们交换道具，帮助你的朋友把气球吹鼓，水倒进气球里，放在他的怀中。你自己一定要做好闪躲的准备，现在你只需要将堵在小口处的手指移开，水就会喷到他的身上。

7.3.3.3　实验原理

在瓶子没有小孔之前，你很难把瓶中的气球吹鼓，这是因为瓶子内充满了空气，你想用自己的口腔力量将瓶内的空气进行压缩，实在是难于上青天。当你将瓶底扎出一个小孔之后，瓶子内的空气就能与瓶外的空气交流了。当你再次吹气球的时候，膨胀的气球会把瓶中的空气通过小孔挤压出去，你就可以顺利地将气球吹鼓了。当你用手指堵住小孔时，气球的开口虽然是敞开的，但依然保持膨胀的状态，此时瓶内的压强小于瓶外大气压，所以你向气球内倒入水是没有任何问题的。但是当你再次打开小孔的一刹那，瓶内的大气压强就会和瓶外的大气压强恢复一致——瓶内的压强升高了。升高后的大气压强会把气球内的水挤出去，使操作者被水淋湿。

小小的通气孔，通过手掌的挪移、手指的封堵，让瓶内、瓶外的世界产生魔术般的效果，这就是科学所创造出来的精彩世界。

7.3.4　神奇的筷子

【问题】

想一想，如果把一根筷子插入装着米的杯子中，然后将筷子上提，筷子会把米和杯子一起提起来吗？

7.3.4.1　实验材料

塑料杯一个，大米一杯，竹筷子一根。

7.3.4.2　实验步骤

先将米倒满塑料杯。用手将杯子里的米按紧实，从手指缝间插入筷子，再用手轻轻提起筷子，杯子和米一起被提起来了。

7.3.4.3　实验原理

由于杯内米粒之间的挤压，使杯内的空气被挤出来，杯子外面的压力大于杯内的压力，摩擦力使筷子和米粒之间紧紧地结合在一起，所以筷子就能将盛米的杯子提起来。

7.3.5 瓶子赛跑

【问题】

装有沙子和装有水的两个同等质量的瓶子从一个高度滚下来，哪一个最先到达终点呢？

7.3.5.1 实验材料

同等大小、质量的瓶子两个，沙子，水，长方形木板一块，厚书两本。

7.3.5.2 实验步骤

首先，用长方形木板和两本书搭成一个斜坡。然后，将水倒入一个瓶子中，将沙子倒入另一个瓶子中。最后，把两只瓶子放在木板上，在同一起始高度让两只瓶子同时向下滚动。可以看到装水的瓶子比装沙子的瓶子提前到达终点。

7.3.5.3 实验原理

沙子对瓶子内壁的摩擦比水对瓶子内壁的摩擦要大得多，而且沙子之间还会有摩擦，因此它的下滑速度比装水的瓶子要慢。同学们，将瓶子里的物质换一换，再让它们比比赛吧！

【实践】

在前面的实验中，我们已经了解了实验原理，科学知识。同学们请大家认真思考，这些科学原理又衍生出了哪些行业技术，应用到了我们的日常生产生活中呢？请列举几条，作为本章的作业。

思考与练习

一、填空题

(1) 思维方式，是指人们反映事物、思考问题的____________、____________及____________。

(2) 科学思维方式，是指为了正确认识客观世界所具有的________和________，它是连接的桥梁。

(3) 科学思维有以下几个主要特点，分别是____________、____________、____________、____________。

(4) 科学思维方法主要有等量代换法、________________、黑箱方法、

__________、回溯推理方法。

(5) 我们要运用__________和__________和方法论去分析和解决问题，反对唯心主义和形而上学等错误的世界观和方法论。

二、判断题

(1) 科学思维方式，是指为了正确认识客观世界所具有的思辨模式和认识方法，它是连接实践与理论的桥梁。科学思维方式是以辩证唯物主义和历史唯物主义为根本思想武器，进行科学探索、科学实践、科学研究的思维方法。(　　)

(2) 科学思维不仅是符合事物本质和规律的思维，它还是遵循一定逻辑规则的思维，而且在思维过程中能够运用大量的思维手段和认识工具，所以，有很强的随意性。(　　)

(3) 科学思维作为正确的思维模式和思维方法，给我们正确认识和改造世界的活动提供了理论武器。(　　)

(4) 黑箱方法，即把研究对象看做“黑箱”（由于种种条件的限制，无法从外部或无法打开来直接探察其内部的奥秘，如人的大脑、人口系统、原子结构、密封的仪器等，都可看做“黑箱”），通过观察外界向“黑箱”输入的信息和从“黑箱”输出的信息，来研究“黑箱”内部状态、结构和机理，从而揭示研究对象的特点和规律的一种科学方法。(　　)

(5) 带着思考与疑问，认真倾听。(　　)

三、简答题

(1) 科学思维方法主要有几个？

____

____

____

____

____

(2) 科学思维的两点要求是什么？

____

____

____

____

____

(3) 科学思维的预见性是指什么？

____

(4) 科学习惯的养成包括哪几种习惯？

(5) 结合自己谈谈你的学习习惯是否合理。

8 生活中的科学技巧

8.1 户外活动科学技巧

8.1.1 慢跑

【问题】

怎样慢跑最科学？

一个安全有效的慢跑应包括四个部分，即准备活动、跑步活动、肌力练习和整理活动。

（1）准备活动通常需要5~10分钟，可以先慢跑2~4分钟，再做几节全身的柔韧性练习，也可快步走或者做一些与伸展运动相结合的活动。比较安全有效的柔韧性练习方式是坐在地上或躺在垫子上进行静力伸展活动。

（2）跑步活动这一部分是核心内容，质和量都必须予以保证。“质”就是锻炼中的心率要达到“有效心率范围”（即最高心率的60%~85%）。简单的计算方法是用180（或170）减去自己的年龄就是运动中应该达到的心率数。“量”就是每次进行20~30分钟跑步运动或走跑交替，每周运动最好3~5次。

（3）肌力练习这主要是针对一些在跑步运动中没有得到充分锻炼的肌群，主要是四肢肌肉和腰腹部的肌肉。可做徒手或负重的肌力练习，如俯卧撑、引体向上、仰卧起坐、俯卧挺身及举重等。最后再做几分钟的放松性柔韧练习。

（4）整理活动经过20~30分钟的耐力运动，不宜突然停止或坐下、躺下，因为肌肉突然停止运动会妨碍血液回流到心脏，造成大脑缺血，锻炼者就会觉得头晕，甚至失去知觉。正确的做法是放慢速度，继续跑或走3~5分钟，同时做些上肢放松活动，让心率慢慢降下来。在跑步中还应注意以下事项：初练者要做好身体检查，最好做一次心电运动试验，以了解自身的心脏情况；要注意循序渐进，运动量从小开始，逐渐增加运动时间和运动强度；天气不佳（过热、过冷、雨天路滑）都不宜进行室外跑步，有条件可进行室内原地跑步或在跑步机上运动；患有心律不齐、心肌梗死、哮喘、血尿及坐骨神经痛等疾病者，应暂停跑步，等病情好转在医生同意后才可进行运动。

8.1.2　登山

【问题】

登山是一项大多数户外爱好者热衷的运动之一。而登山也存在技巧和常识，怎样合理运用力，才能走得更高更远呢？

（1）上坡时，尽量让脚后跟使劲。走上坡路，尽量让脚后跟吃劲，脚后跟自然就在人的重心上，于是身体的重量就能分配在大小腿乃至腰上，这比用脚前掌爬山要省1/3左右的力。用脚前掌爬山，等于让小腿“受累”而让大腿“闲置”。坡路上常会突出石头、石埂之类，要用脚跟踏之。若坡路较平，也尽量全脚掌着地。

（2）换腿迈步时，将支撑腿伸直。走上坡路的第二个窍门是每一次迈步换腿时，都须将支撑腿伸直，让关节嘎噔一下，这样腿的承重就能分散给腰肌一部分。这样做的好处是，能够让人每走一步都使单腿获得0.3秒的休息。

（3）可用手帮助时就用手爬坡。用手能减轻双腿的重负。登山时双手多半是在闲着，早已“养精蓄锐”，稍微能用上手时，就该前肢着地而用力。为什么四条腿的动物就比人擅长爬山？因为它们平均分配了力量。登山时，只要坡度超过45°，就应手脚并用，因为这样既省劲又有效。

（4）爬坡时两脚迈步可以有点外“八”字。外“八”字式迈步便于让脚跟吃重，也可以减少脚面与小腿的角度而使肌腱舒服。山村村民负重上山就有些外“八”字，虽走得不是特快，但不停歇，每迈一步膝关节都挺直一下，仿佛一步一顿。

（5）爬山时最好穿硬底高勒儿皮鞋。硬鞋底不怕山石硌脚，走在石头上也能全脚舒展，踢蹭到石头也痛不着脚趾。高勒儿鞋有护踝作用，使脚与小腿更柔韧地连在一起。休闲鞋不宜登山，其鞋底几乎像你的脚掌一样轻，可能硌脚，如果不小心踢到石头就像石头砸了脚趾。

(6) 下小坡时小跑两步最有效率。下小坡时，小步紧，步伐小而步频高，甚至可小跑几步，因为把劲用来“刹车”是浪费，并且脚也会因前顶而感到不舒服。

8.2　户外运动前的准备活动

【问题】

如何进行户外活动前的准备工作？

(1) 挑选。把你所有计划要带的东西收集起来，把它们放在一个房间里，凡是不知道该不该带的东西都别带。这样你的包会变得更紧凑。

(2) 装包物品及其顺序。轻的装备放在下面，重的放在上面。因为任何人在走路时都会向前微倾，这样就把重量集中在你的背而不是你的肩膀上。在底部可以放你的睡袋（睡袋有睡袋套，也可以用塑料把它包起来，这样万一你掉在水里或你的独木舟进水就可以防止被浸湿）。上面是当天不用的衣服、内衣和袜子、鸭绒衣等。接着是你的睡垫，应该放在里面而不是绑在外面。再装入你的帐篷和防雨布。然后是野炊用品：炉子、油、户外水壶、杯子和匙子、滤水器和急救包。最后在靠近顶端的地方放你的食品。恶劣天气的衣服放在最上面。最后拉紧口袋绳子。

(3) 装包技巧。让包又薄又高，而不是又矮又厚。这就是那些背包带的用处，扎紧它们，用膝盖来压紧它们（当然不要弄坏了里面的东西）装包。

当你走路时，摆动的东西会耗费你的体力。也就是那些附在你腰带和肩带上的小包，其实它们是沉重的累赘。当你需要防晒霜和胶卷时，花不了你多少时间把它们从你的背包上层口袋中取出来。唯一的例外是辣椒水喷洒剂。它应该在你触手可及的地方。

(4) 放好自己的食物。当你在晚上把你的补给藏在远离动物的地方时，你用不着到处乱找这些零碎的东西。至于午饭和小吃，分别用塑料包好放在食品袋里，这样在休息时可以轻易拿出来。

水壶或水袋放在背包里不要吊在背包上，会被太阳晒热的。

8.3 科学节水

【问题】

你知道生活中如何节约用水吗?

地球表面虽然70%被水所覆盖，但能够直接用于生产和生活的淡水不到1%。我国是一个严重缺水的国家，是全球人均水资源最贫乏的国家之一。

(1) 使用节水型水龙头。节水型水龙头是具有手动或自动启闭和控制出水口水流量功能的阀类产品。延时自闭水龙头可节水30%。而1/4转式水龙头，改变了传统的全转式水龙头要旋转180°或360°才能开到最大的限制，能缩短水龙头开闭时间以减少水的流失量，方便人们合理地用水和节水。

(2) 刷牙洗脸时，有的人往往不太注意随手关紧水龙头，让水白白流走，造成浪费。应该养成一个良好的习惯，随手关紧水龙头。尤其是洗脸时，最好用容器接下洗脸水，用其冲厕所、洗拖布，都很符合节约的新理念。

(3) 厨房淘米水、煮面水有诸多妙用：用来洗碗筷可去除油污；用来洗菜，有利于去除蔬菜表面的农药；用来浇花，更富有营养；洗衣服，灰尘容易洗掉；泡发海带、干菜等时间短，煮时易烂，味道美；用来漱口，可治疗口臭和口腔溃疡。残茶水可煮茶叶蛋，清香可口；倒在花盆里，可作花肥；用来擦洗家具，干净明亮。

(4) 洗衣后的清水可用来洗车或洒扫庭院；洗衣水、洗脸水、洗脚水、洗澡水均可用来洗抹布、拖把，冲洗厕所。此外，养鱼的水可浇灌花木，水中有鱼的粪便，比其他水更利于花木生长。

(5) 空调冷凝水可收集利用。空调使用时会排出大量冷凝水。一台功率为2匹的空调，在酷暑季节每天开6小时，平均每小时可以回收3升左右的冷凝水，每天可以回收冷凝水18升。这些冷凝水收集起来，用来浇花、洗抹布、洗车、擦洗地板、冲厕所，节能的效果很可观。

(6) 流动水和节水二者不矛盾。将流动水的水量开小一些洗碗，并且直接将冲洗的水收集在盆内派作他用，便可卫生、节水两不误了。

(7) 碗碟表面有厚重油污的餐具可先用纸将其上残余的油脂擦掉，再用热水来清洗，这样油污就不会排入下水道，避免引起堵塞或污染，还可减少洗涤剂的用量，既省水又保护环境。如果用擦过嘴的餐巾纸顺便擦去餐具上的油污，当然又是一项节省了。

（8）老式坐便器节水，可以在水箱内放置灌满水的可乐瓶或砖块，减少冲水量。

（9）洗车节水方法：一是可利用家庭中的废水洗车，如用空调冷凝水、清洁的洗衣水洗车，可节约自来水；二是可使用汽车清洗机洗车，目前，国内研制出了一种汽车清洗机，靠手动打压数下，8 升水就能洗一辆车，可放在后备箱中，方便实用，省水、省电、省时、省力；三是可用节水喷雾枪洗车，用节水喷雾枪代替高压喷枪，后者最大的问题是使用清洁的自来水，污水直接排放，10 来分钟消耗的水相当于一个人一天的生活用水量，浪费十分严重；四是可到使用中水的洗车点洗车，根据测算，清洗一辆车平均耗水 70~80 升。如果使用洗车水循环回用设施，耗水量可降至15~20 升。

有人说，付得起水费就可不注意节水！水龙头中汩汩流出的自来水，其实来之不易，它们可能取自几百米深的地下，也许引自几百公里外的江河湖泊，它们需经过过滤、沉淀、净化、消毒等过程，最终由星罗棋布的管道和水泵，运送到千家万户。水是公共财产，人人都应当具有公水意识。珍惜水资源、保护水环境、节约用水，是每一位公民的义务和责任。节约用水不仅是因为缺水，也是为了保护环境。因为减少用水量就可以减少废水、污水的排放，而减少用水量，就可以减少清洁剂的使用和供水时的耗电，从而减少对环境的影响。

8.4 绿色环保科学

【问题】

你知道绿色环保的标志吗？

图 8-1 绿色环保标志

绿色环保标志（见图 8-1）的含义：标志由三部分构成，即下方的绿色环保，左右的叶片和中心的蓓蕾，象征自然生态；颜色为绿色，象征着生命、农业、环保；图形为正圆形，意为保护。

【问题】

如何能做到绿色出行呢？

绿色出行就是采用对环境影响最小的出行方式。绿色出行是既节约能源、提高能效、减少污染，又益于健康、兼顾效率的出行方式。多乘坐公共汽车、地铁等公共交通工具，合作乘车，环保驾车，或者步行、骑自行车等。只要是能降低自己出行中的能耗和污染，就称为绿色出行、低碳出行、文明出行等。

(1) 跑步或骑自行车。平时我们可以选择跑步或骑自行车出行，现在各种共享单车给我们的生活带来很大的便利，学校、公交站、地铁站、居住区都有各种共享单车，我们可以充分利用它，既环保又低碳，还能锻炼身体。

(2) 乘公交车或地铁。回家或出行我们可以选择乘坐公共交通工具，如地铁、公交车，也可以和其他人拼车回家或者上班。

(3) 购买低排量车。购买车时我们尽量选择那种排量较小又能满足日常出行需求的车，车的排量越大，排放的污染物的量也越大。还可以选择新能源电动汽车或者混动汽车，减少尾气排放，更好地保护环境。

(4) 开车时不猛踩油门、猛踩刹车，等红灯或堵车时可以关闭发动机。有些人开车习惯猛踩油门，有的甚至是一脚刹车一脚油门，这样不仅增加油耗，也使得汽车尾气的排放增加。红灯时间比较长时或是路上堵车时我们可以关闭汽车发动机，减少汽车尾气的排放，降低对环境的污染。

【问题】

为什么要少用塑料制品？

生活中塑料袋、一次性塑料餐具给我们提供了很大的方便，但是这一时的方便却带来长久的危害，主要体现在以下几个方面。

(1) 塑料是由石油炼制的产品制成的，而石油资源是有限的。

(2) 塑料的主要成分是聚苯乙烯，在环境中难以自然降解，在环境中变成污染物永久存在并不断累积，对环境造成极大危害。垃圾填埋是目前主要的处理方式，但这不仅会占用大量土地，而且被占用的土地长期得不到恢复，影响土地的可持续利用。

(3) 塑料容易燃烧，燃烧时产生有毒气体。例如聚苯乙烯燃烧时产生甲苯，这种物质少量会导致失明，吸入有呕吐等症状，PVC 燃烧也会产生氯化氢有毒气体，除了燃烧，就是高温环境，会导致塑料分解出有毒成分。生活、工作环境中大量使用塑料材料，容易引起火灾，燃烧速度快，而且燃烧后形成的有毒气体对人体危害很大，后果非常严重。

（4）塑料袋回收价值较低，在使用过程中除了散落在城市街道、旅游区、水体中、公路和铁路两侧造成“视觉污染”污染外，它还存在着潜在的危害。比如动物园的猴子、鹈鹕、海豚等动物，都会误吞游客随手丢的塑料袋，最后由于不消化而痛苦地死去。远望美丽纯净的海面，走近了看，其实飘满了各种各样的无法为海洋所容纳的塑料垃圾，在多只死去海鸟样本的肠子里，也发现了各种各样的无法被消化的塑料。

（5）塑料制品会给健康带来危害，因为在其加工阶段，塑料融入了大量的化学药品、添加剂。一种塑料制品至少是由 5~20 多种化学物质合成的，它们虽以塑料聚合物的形式存在，但并没有真正融入到塑料制品的结构中去。构成塑料树脂和添加剂的物质都会从塑料制品中浸析出来。

据科学家研究：现实中根本不存在“安全”的塑料制品。研究者分别用 455 个各种类型的塑料容器（包括塑料袋和婴儿奶瓶）进行了测试。所有的塑料制品中都装上了模拟食品，经过微波炉加热、湿热（如蒸煮）和紫外线照射处理后，都会促进毒素、雌激素类似物的析出，并从其中检测出了析出的有害化学成分。

生活中我们要少用塑料袋、保鲜膜、保鲜袋、一次性塑料饭盒、一次性打火机、一次性塑料纸杯、一次性餐桌布，等等。加热食品时尽量使用玻璃、陶瓷和不锈铁材质替代塑料容器，有利于身体健康。采购食物时，尽量使用布袋，避免塑料袋将有害物质渗透到果蔬和肉类食品中。

有研究显示，黄粉虫可以吃掉所有塑料，塑料在黄粉虫肠道快速生物降解，揭示了丢弃在环境中塑料废物的新命运。黄粉虫以聚苯乙烯泡沫塑料作为唯一食源，幼虫可存活 1 个月以上，最后发育成成虫，其所啮食的聚苯乙烯被完全降解矿化为 CO_2 或同化为虫体脂肪。这种发现为解决全球性的塑料污染问题提供了思路。

思考与练习

一、填空题

（1）科学有效的慢跑运动应包括________、________、________、________四个部分。

（2）爬山运动是最好穿________鞋，上坡时尽量让________使劲，下坡时尽量让________先着地。

（3）地球表面有________________被水覆盖但是能够直接用于生产或生活的淡水不到________________。

（4）绿色环保标志由________________、________________、________________三部分组成。

（5）塑料的主要成分是________________，在环境中难以自然降解，目前主要的处理方法是________________。

二、判断题

（1）科学有效的户外运动不需要准备活动。（　　）

（2）屋外活动中水壶应该挂在背包上。（　　）

（3）我国水资源丰富，不是严重缺水的国家。（　　）

（4）塑料容易燃烧，燃烧时会产生有毒气体，危害很大。（　　）

（5）加热食品时尽量使用玻璃、陶瓷和不锈钢材质以利于身体健康。（　　）

三、简答题

（1）你知道使用塑料制品有哪些危害吗？

____

____

____

____

____

（2）思考一下，我们怎样才能做到环保出行？

____

____

____

____

____

（3）你知道生活中有哪些节水措施吗？

____

____

____

____

____

参考文献

[1] 鲁志远，邓纪勇，沈娟，等．最神奇有趣的生物实验［M］．南京：南京大学出版社，2013.
[2] 史蒂夫·斯潘格勒．疯狂科学实验体验书［M］．北京：北京科学技术出版社，2014.
[3] 郝春．大学生科技素养读本［M］．北京：清华大学出版社，2012.
[4] 王蕾．日本国民科学素养的培育历程［M］．上海：上海科学技术文献出版社，2017.
[5] 沙振舜．最美丽的十大物理实验［M］．南京：南京大学出版社，2013.
[6] 杨云川．科技信息素养基础教程［M］．北京：国防工业出版社，2013.
[7] 张伟刚．科学素养与培育［M］．北京：科学出版社，2015.
[8] 高烽．科学素养的自我训练：科技人员三五修炼法［M］．北京：国防工业出版社，2015.
[9] 张勘，沈福来．科学研究的逻辑［M］．北京：科学出版社，2015.
[10] 艾伦．SAM课程设计与开发［M］．北京：电子工业出版社，2015.
[11] 赛茨．SAM课程设计与开发操作手册［M］．北京：电子工业出版社，2015.
[12] 陶进，杨利润，薄芳珍．科学技术简史［M］．北京：清华大学出版社，2013.
[13] 任翔．科学的奥秘［M］．济南：济南出版社，2016.
[14] 徐飚．科学素养基础教程［M］．北京：电子工业出版社，2009.
[15] 王耀村．创意科学实验［M］．浙江：浙江教育出版社，2012.
[16] 陈立德．机械制造技术［M］．上海：上海交通大学出版社，2000.
[17] 乔世民．机械制造基础［M］．北京：机械工业出版社，2004.
[18] 王志平．数控加工编程与操作［M］．北京：高等教育出版社，2005.
[19] 黄筱调，赵松年．机电一体化技术基础及应用［M］．北京：机械工业出版社，2011.
[20] 徐志军，初瑞清．纳米材料与纳米技术［M］．北京：化学工业出版社，2010.
[21] 周伟民，闵国全．3D打印技术［M］．北京：科学出版社，2016.